OTFRIED HÖFFE

Die hohe Kunst des Alterns

Kleine Philosophie des guten Lebens

C.H.BECK

Die ersten vier Auflagen dieses Werkes erschienen
von 2016 bis 2019 in gebundener Form im Verlag C.H.Beck

1. Auflage in C.H.Beck Paperback. 2021

www.chbeck.de
Satz: Fotosatz Amann, Memmingen
Druck und Bindung: Druckerei C.H.Beck, Nördlingen
Umschlaggestaltung: Konstanze Berner, München
Printed in Germany
ISBN 978 3 406 77437 9

myclimate
klimaneutral produziert
www.chbeck.de/nachhaltig

Für Evelyn,
seit 50 Jahren mein Vorbild für Lebenskunst

Inhalt

Vorwort

Lange Zeit fand das Thema des Alters und Alterns in der Öffentlichkeit kaum Aufmerksamkeit. Seit einiger Zeit hat sich die Situation geändert, häufig angestoßen durch den vorher verdrängten demographischen Wandel. Endlich, muss man sagen, stellen sich sowohl Fachbücher und Abhandlungen als auch Zeitungsessays und literarische Texte wieder der Aufgabe, über die hier einschlägige Beziehung der Generationen zueinander und über die dabei möglichen persönlichen, gesellschaftlichen und politischen Chancen, Gefahren und Konflikte nachzudenken. Die Philosophie meldet sich aber immer noch kaum zu Wort. In ihren vielbändigen Nachschlagewerken taucht das Stichwort «Alter», im Englischen «age», nicht einmal auf.

Philosophen besitzen hier zwar kein Sonderwissen, sondern bedienen sich lediglich der allen Menschen gemeinsamen Vernunft und der ebenfalls allen zugänglichen Erfahrung. Für beides bringen sie jedoch eine methodische Übung mit. Überdies können sie aus der an Begriffen, Argumenten und Problembewusstsein reichen Tradition schöpfen. Früher, insbesondere in der Antike, war nämlich das Themenfeld vom Alter und Altern ein respektabler Gegenstand. «Über das Alter», in der lange dominanten Philosophie-Sprache, dem Lateinischen, «De senectute», war ein klassischer Titel für philosophische oder der Philosophie nahe Überlegungen. Später jedoch verdrängt die Philosophie dieses Thema, obwohl der lebensweltliche Anlass bleibt: Menschen altern und haben nicht selten Schwierigkeiten, sich mit dieser Phase ihres Lebens auseinanderzusetzen, vielleicht sogar anzufreunden.

Zu den Gründen des philosophischen Desinteresses gehört ein radikaler Perspektivenwechsel: Die Pflichtenethik, auch deontologische Ethik genannt, hat den Bereich der Philosophie, in dem die «Philosophie des Alters» vornehmlich behandelt wurde, die Philosophie als Lebenskunst, zunächst entmachtet, später vollständig beiseitegeschoben. Hinzu kommt eine Verengung vieler Debatten auf Begriffsklärung und Prinzipientheorie. Dabei scheut man den für eine Philosophie des Alters unabdingbaren Blick in die Erfahrung, sowohl in die Lebenserfahrung als auch in die einschlägigen Erfahrungswissenschaften. Mit dieser Studie versuche ich, die größere Themenweite wiederzugewinnen. Es versteht sich, dass dieser Versuch die professionellen Altersdiskurse zur Kenntnis nimmt. Da und dort kann sie diese aber um einige weniger behandelte Gesichtspunkte und Methoden erweitern oder die schon bekannten anders gewichten.

Erste Ansätze habe ich vor eineinhalb Jahrzehnten unter dem Titel «Gerontologische Ethik. Zwölf Bausteine für eine neue Disziplin» veröffentlicht. Bei der Mitarbeit in einer interdisziplinären Akademiengruppe «Altern in Deutschland» konnte ich mich in eine Fülle weiterer Erfahrungen einarbeiten. Nachdem ich in den letzten Jahren aus verschiedenen Anlässen zu Vorträgen oder Stellungnahmen gebeten wurde, entstand der Wunsch, die verschiedenen Überlegungen in einen sachlichen Zusammenhang zu bringen und wo erforderlich thematisch und methodisch abzurunden.

Meine Leitfrage lautet: Gibt es im Rahmen der Lebenskunst eine Kunst des Alters und Alterns? Hat diese Kunst, geht die Frage weiter, zwei Seiten, eine personale und eine soziale Seite, die freilich ineinander greifen dürften? Und hat diese Kunst nicht einzuschließen, womit alles Leben, auch das menschliche, endet: das Sterben mitsamt dem Tod? Gibt es also oder braucht es zumindest als Ergänzung eine Kunst oder Kultur des Sterbens, die, wo erforderlich, auch einschlägige Fragen einer Pflichtenethik aufgreift?

Da wir alle, wenn wir nur offen durchs Leben gehen, vieles vom Alter und Altern kennen, darf niemand glauben, hier etwas grundsätzlich Neues vortragen zu können. Diese Studie sucht keine Neuentdeckungen, eher unternimmt sie eine phänomenale Erkundungsreise, die möglichst viele Aspekte in den Blick nimmt, da und dort freilich auch eigene Akzente setzt.

Wieder darf ich meinen vorbildlichen Mitarbeitern danken, dieses Mal besonders Dr. Moritz Hildt für kluge Kommentare und Peter Königs für Hilfe beim Literaturverzeichnis, dem Personenregister und der Fahnenkorrektur.

Tübingen, im Herbst 2017   Otfried Höffe

1. Erste Annäherung

Das Thema wiedergewinnen

Zu jedem Lebewesen gehört das Altern, das schließlich ins Sterben mündet. Menschen machen hier keine Ausnahme, trotzdem nehmen sie in der Natur eine Sonderstellung ein. Denn sie wissen um das Altern, erleben es in der Jugend an Eltern, Lehrern und Großeltern, später an sich selbst, weshalb sie früher oder später darüber nachdenken.

Altern und Alter sind also für den Menschen biologische Phänomene, die zugleich erlebt und erlitten, bald beschleunigt, bald auch gebremst werden und in jedem Fall ein existentielles Gewicht haben. Da sie die Berufs- und Arbeitswelt mitbetreffen, haben sie ebenso eine wirtschaftliche, weil sie das Gesundheitswesen beeinflussen, sowohl eine politische als auch eine medizinische, pharmazeutische und medizintechnische Seite. Weil ältere Menschen altersgerecht wohnen und barrierefrei in Gebäude und Wohnungen gelangen wollen, hat das Thema zudem eine Architekturseite, schließlich, weil es den Menschen in seinen gesellschaftlichen Beziehungen beeinflusst, eine soziale Seite.

Für all diese Facetten ist eine hohe Kunst des Alters und Alterns, folglich auch eine Theorie der Alterskunst gefordert. Dabei meint «Kunst» keine künstlerische Tätigkeit, sondern ein Können, ein Know-how, das ein Kennen und Wissen, ein Know-that, einbezieht und sowohl rechtliche als auch moralische Verbindlichkeiten nicht ausschließt. Hier wie andernorts beansprucht die Philosophie keine Sonderfähigkeit. Denn jedem Bürger zugänglich, ist sie ihrem Wesen nach ein demokratisches Unterfangen, das sich der allen Menschen gemeinsamen Vernunft bedient und auf eine ebenfalls allen zugängliche Erfahrung zurückgreift. Freilich bringt die Philosophie außer ihrer Fähigkeit zu methodischem Vorgehen auch die Kenntnisse einer an Begriffen, Argumenten und Problembewusstsein reichen Tradition mit. Gegenüber dem Alter reicht diese von Platon und Aristoteles über die Stoa, Cicero und die europäische Moralistik etwa mit Bacon und Schopenhauer bis zu modernen Autoren wie Ernst Bloch.

Es genügt freilich nicht, nur philosophische Zeugnisse zu Rate zu ziehen. Ebenso wichtig sind Texte der Medizingeschichte und Hinweise der religiösen und der säkularen Lebensweisheit. Schließlich darf man weder die bildende Kunst noch die große Literatur vergessen: Die einschlägige Tradition ist weit.

Gegen die Übermacht der Ökonomie

Die zu erneuernde philosophische Alterskunst beginnt mit dem Veto gegen eine heute drohende Engführung: Gesellschaft und Politik überlegen, wie man die Älteren möglichst wirksam zunächst in die Berufs- und Sozialwelt, später in die Welt von Alten- und Pflegeheimen integriert. Oft stillschweigend, nicht selten ausdrücklich nehmen sie dann Nutzen-Kosten-Analysen vor, gerichtet auf die Berufswelt, das Gesundheitswesen, nicht zuletzt die Rentenversicherung. Auf diese Weise wird das Themenfeld nur in funktionaler Hinsicht, zudem nicht selten in ökonomistischer Verkürzung erörtert: Wie bleiben die Menschen möglichst lange in das Erwerbsleben eingebunden? Und: Wie lassen sich die Kosten einer späteren Betreuung minimieren?

Der Einspruch gegen diese thematische Verkürzung setzt bei der Beobachtung eines zunehmend ökonomischen Denkens an, das sich auf eine sogar vierdimensionale Ökonomisierung beläuft:

Als erstes breiten sich ökonomische Absolventen in Tätigkeitsfelder aus, die bislang von Juristen oder einschlägigen Fachleuten geleitet wurden. Und in der Leitung von Pflegeheimen und Krankenhäusern erhalten kaufmännische Direktoren mehr und mehr Gewicht.

Weiterhin wächst die Macht der von Gefühlen entleerten ökonomischen Sprache, deren schlechtes Deutsch ihre Herkunft aus der anglophonen Management-Sprache verrät. Der Ausdruck «Effizienzpakt» steht schönfärberisch für «Kostenstopp» und «redundant machen» für «kündigen». Altersheime und Krankenhäuser gelten als Betriebe, die es nicht mehr mit Heimbewohnern oder Patienten, sondern mit Kunden zu tun haben. Die Angestellten schließlich zählen nicht mehr als (unentbehrliche) Mitarbeiter, sondern als ein so weit wie möglich einzusparender Kostenfaktor.

Noch gravierender als die, polemisch zugespitzt, «ökonomievergiftete» Sprache ist die zugrunde liegende Zunahme der BWL-Mentalität. Sie beginnt bei der Fragmentierung komplexer Aufgaben, setzt sich im Diktat des Rotstifts fort und endet nicht bei der Forderung, «genug

Geld einzuspielen» und die «Bettenrendite» zu erhöhen. Am zynischsten manifestiert sich diese Denkweise in der Rede vom «sozialverträglichen Frühableben». Die Folge war vorhersehbar: Der allgegenwärtige Spardruck verschlechtert, was in der Altersheilkunst, der Geriatrie, und in Altersheimen besonders wichtig ist: die persönliche Zuwendung.

Nicht zuletzt wird, viertens, eine so sensible Aufgabe wie die Betreuung von Pflegebedürftigen öffentlich ausgeschrieben, als ob es sich um ein Gewerk für den Bau einer Straße oder eines Bürogebäudes handle.

Diese Beobachtungen sollen keinesfalls Fragen der Wirtschaftlichkeit für belanglos erklären. In seiner meisterhaften Erzählung «Die Nase» lässt zwar der russische Schriftsteller Nikolai Wassiljewitsch Gogol einen Arzt mit Entrüstung sagen, er habe keine finanziellen Interessen. Richtig ist, dass dem Wesen ärztlicher und pflegerischer Tätigkeit, dem Helfen und Heilen, die dem Geld unterworfene Wirtschaftlichkeit fremd ist. Trotzdem kann sich nur, wer geerbt oder glücklich spekuliert hat, die von Gogol erzählte Entrüstung leisten. Die gewöhnlichen Ärzte und Heimleitungen müssen ein Auskommen suchen; weder die geriatrische Abteilung einer Klinik noch ein Seniorenstift können sich auf Dauer rote Zahlen erlauben.

Schließlich dürfen die Gesamtkosten des Gesundheitswesens nicht beliebig steigen, so dass man eine Knappheit finanzieller und personeller Mittel nie ausschließen kann. Dass deshalb selbst in einem relativ großzügigen Gesundheitswesen wie dem von West- und Nordeuropa etliche Wünsche offen bleiben, erkennt eine philosophische Alterskunst schon wegen des anthropologischen Gesetzes der Knappheit – während die letzte Vorgabe aller Wirtschaft, die Erde, begrenzt ist, sind die menschlichen Begehrlichkeiten unbegrenzt – als unvermeidlich an:

Patienten wünschen sich sofortige Hilfe, müssen in Wirklichkeit aber warten: in der Sprechstunde, auf den Notarzt, auf ein Spenderorgan oder den Operationstermin. Und wenn ein Patient an der Reihe ist, drängt der nächste nach: Die Zuwendungszeit von Ärzten und Pflegepersonal ist in der Regel kürzer, als es sich der Patient, zumal der hochbetagte, wünscht.

Dass Fragen der Wirtschaftlichkeit notwendig sind, rechtfertigt aber nicht deren Übermacht. Gegen die skizzierte Ökonomisierung braucht es eine Gegenmacht, gegen die Kultur der Rentabilität eine Gegenkultur, die dem wirtschaftlichen Denken das Recht auf den Vorrang abstreitet.

Drei philosophische Altersdiskurse

Unsere Gesellschaft gibt ihren Mitgliedern das Recht, in allen Phasen ihrer Biographie, folglich auch im Alter, sich zu entfalten und dabei ein gelungen-glückliches Leben zu suchen. Für dessen notfalls einklagbaren Rahmen hat sie sich sogar auf die Grund- und Menschenrechte und als deren Leitgedanken auf die Menschenwürde verpflichtet. Deshalb braucht man funktionale Betrachtungen – sie mögen im Fall einer gründlichen Erörterung «funktionale Altersdiskurse» heißen – nicht aufzugeben, vor allem nicht, wenn man deren Verkürzung auf das Erwerbsleben entkommt. Allerdings nehmen funktionale Altersdiskurse einen den Betroffenen weithin fremden Blick ein, den man genau deshalb, als Fremdblick, zu relativieren hat. Öffnet man sich daher der Innenansicht der Betroffenen, dem Blickwinkel der Älteren selbst, so treten seitens der Philosophie normative Fragen in den Vordergrund, weshalb philosophische Altersdiskurse vornehmlich zur Ethik gehören.

Für sie hat die Philosophie im Lauf ihrer reichen Geschichte vier Grundmodelle entwickelt: eine Ethik des glücklich-gelungenen Lebens, eine Ethik moralischer Anforderungen, eine Ethik «kollektiven Wohls», nicht zuletzt die Moralkritik. Für jedes dieser Modelle gibt es eine herausragende Gestalt: Für das erste Muster, den Eudaimonismus («Glück» heißt im Griechischen «Eudaimonia»), ist Aristoteles mit seiner *Nikomachischen Ethik* maßgeblich. Für das zweite Modell, die Pflichtenethik, oft Deontologie, nämlich «Lehre des Schicklichen und Gesollten», genannt, gibt Immanuel Kant mit seiner *Grundlegung zur Metaphysik der Sitten* das Vorbild ab. Für die Ethik des maximalen Gesamtwohls (Kollektivwohls), für das «größte Glück der größten Zahl», den Utilitarismus, hat John Stuart Mill mit seiner gleichnamigen Schrift den größten Einfluss entfaltet. Schließlich ist der bedeutendste Vertreter für die Moralkritik Friedrich Nietzsche, etwa mit der «Streitschrift» *Zur Genealogie der Moral.*

Eine Ethik des Alters und des Alterns – man mag sie eine gerontologische Ethik nennen – kann auf alle vier Modelle zurückgreifen. Gegen das dritte Muster, den Utilitarismus, tauchen zwar grundsätzliche Bedenken auf, denn das Prinzip des maximalen Gesamtwohls widerspricht der Innenansicht der Einzelnen und ihrer unveräußerlichen Rechte. Trotzdem kann es etwa bei Fragen einer Impfpflicht von Bedeutung sein. Wichtiger sind aber die drei anderen Modelle:

Eine eudaimonistische Altersethik untersucht, wie man auf eine gute, glücklich-gelungene Weise altert. Dafür gibt es bedeutende historische Vorbilder. Ein erheblicher Teil der klassischen, insbesondere antiken Philosophie verstand sich nämlich als eine Lebenskunst. Gemeint ist nicht jene Fähigkeit raffinierter Egoisten, aus jeder Situation Vorteile für sich herauszuschlagen, sondern die Fähigkeit und wohleingeübte Bereitschaft, sein eigenes Wohl im Rahmen von Gerechtigkeit und Fairness zu suchen. Die dafür zuständigen Überlegungen erweitern die ökonomischen und sonstwie funktionalen Altersdiskurse um eine erste philosophische und insgesamt zweite Art, um einen eudaimonologischen bzw. eudaimonistischen Altersdiskurs mit der Frage: Gibt es im Rahmen der Lebenskunst eine vom Einzelnen zu entwickelnde, schließlich zu praktizierende Kunst, um mit dem Alter, selbst dem unvermeidbaren Sterben zurechtzukommen?

Das zweite philosophische Muster, die deontologische Altersethik, befasst sich mit der Frage, wie ältere Menschen von anderen behandelt werden sollen und wie eine dem Alter freundliche Gesellschaft und Politik aussieht.

Der eudaimonologische Altersdiskurs gehört zur personalen, der deontologische nicht ausschließlich, aber vornehmlich zur sozialen Ethik; dort werden Ratschläge für das eigene Wohl erteilt, hier Gebote und Verbote gegen andere aufgestellt. Der dritte philosophische Altersdiskurs, die Moralkritik, schließlich ist etwa bei der Kritik an primär negativen Altersbildern gefragt.

Für alle drei nicht mehr funktionalen Diskurse steuert

die Lebenserfahrung wesentliche Dinge bei. Aus diesem Grund benötigt man zwar für die Alterskunst qua Lebenskunst weder Philosophen noch Sozialwissenschaftler, schon gar nicht einen Guru, einen geistlichen Lehrer oder einen Zen-Meister, auch wenn keine von diesen Professionen und Personen schaden müssen. Sofern man sich aber kundig macht, empfiehlt es sich, sowohl philosophische Texte als auch Zeugnisse von der Lebensweisheit vieler Kulturen und Epochen, nicht zuletzt Beiträge der Literatur und bildenden Kunst zu Rate zu ziehen. Und um die Erfahrung zu erweitern, wo erforderlich auch zu korrigieren, blicke man in die professionelle Altersforschung, deren Vertreter, Psychologen und weitere Sozialwissenschaftler, ferner Mediziner, Medizintechniker und Fachleute der Pflege, aus stupender Gelehrsamkeit eine Überfülle von Material und Gesichtspunkten ausbreiten.

Arist-o-crates: Zur Kooperation von Philosophie und Medizin

Für die nötige Erfahrung spielt die Medizin eine herausragende Rolle. Denn sie blickt auf eine besonders lange Tradition zurück, in der, noch ohne den Ausdruck zu verwenden, die Sache der Altersheilkunde, der Geriatrie, schon betrieben wird.

Werden die einschlägigen Kooperationsmöglichkeiten gründlich ausgelotet, so lassen sie sich unter einen Titel stellen, der beide Seiten, Philosophie und Medizin, als gleichrangig und gleichgewichtig miteinander verbindet: Arist-o-crates. Dieser rätselhafte Titel spricht sich gegen zwei andere Muster aus, bei denen jeweils nur die eine

Seite von der anderen lernt. «Arist-o-crates» nenne ich eine hierarchiefreie Zusammenarbeit, die beiden, der Philosophie und der Medizin, den erforderlichen wechselseitigen Respekt einräumt.

Der erste Teil des Titels, «Aristo», steht für Aristoteles, spielt also auf jenen «Meister aller Wissenden» an, der von der Antike bis etwa Charles Darwin wegen seiner wahrhaft enzyklopädisch weiten Forschung bewundert und gerühmt wird. Der zweite Teil «crates» meint keinen weiteren Philosophen, etwa Sokrates, sondern einen maßstabsetzenden Begründer der Heilkunst, den herausragenden Arzt des antiken Griechenlands Hippokrates. (Im Titel Arist-o-crates erscheint der Arzt in der lateinischen Schreibweise «Hippocrates», um bei den «Aristocratikern» nicht an «Aristokraten» erinnert zu werden). Das herausgehobene «o» hingegen steht, weil beiden Vorbildern gemeinsam, für deren Verbindung.

Für das gesuchte Muster der Wechselseitigkeit gibt es nun verschiedene Untermuster oder Modelle. Das erste Modell, die Personalunion, also die Doppelbegabung von Medizin und Philosophie, kommt überraschenderweise tatsächlich vor. In der Frühzeit unseres Kulturraums gibt ein brillanter Arzt und zugleich spekulativer Philosoph, Alkmaion von Kroton, ein Beispiel ab. Ein zweites Beispiel bietet Alkmaions Zeitgenosse, der Arzt und Philosoph Empedokles, auf den die Lehre der vier Urstoffe – Feuer, Luft, Erde und Wasser – zurückgeht.

Nun mag man einwenden, damals seien die Wissenschaften noch nicht so spezialisiert wie heute gewesen, so dass etwas, das in der Antike möglich war, bald unmöglich geworden sei. Wahr ist, dass es noch Jahrhunderte später für die Personalunion prominente Beispiele gibt. Erwähnt seien sechs Personen; um allzu seltene Ausnahmen handelt es sich also nicht. Die ersten drei Beispiele stammen aus der islamischen Kultur des Mittelalters. Während im christlichen Westen die Philosophie nur mit der Theologie eine Personalunion eingeht, sind im islamischen Bereich die Aristocratiker fast die Regel:

Der persische Philosoph und welterfahrende Politiker Ibn Sina, latinisiert Avicenna, ist auch Arzt. Sein mehrbändiges Hauptwerk von 1027 trägt den Titel *Kitab asch-Schifa: Buch der Heilung der Seele vom Irrtum*. Das zweite Beispiel, der Erfinder von Robinsonromanen und Vorbild für Daniel Defoes *Robinson Crusoe*, der im 12. Jahrhundert lebende Abu Bakr Ibn Tufail, war Leibarzt des Kalifen Abu Yaqub Yusuf. Sein Nachfolger als Leibarzt, drittes Beispiel, ist der bedeutendste islamische Philosoph im Westen, Ibn Ruschd, latinisiert Averroës.

Im christlichen Westen taucht der erste bedeutende Aristocratiker erst im 13. Jahrhundert auf: Marsilius von Padua, ein bedeutender politischer Philosoph, praktiziert sowohl in Paris als auch am Königshof in München erfolgreich als Arzt. Das nächste Beispiel, der Schwabe Theophrastus Bombastus von Hohenheim, zeitweilig Stadtarzt in Basel, ist unter der latinisierten Form von Hohenheim, nämlich als Paracelsus, bekannt. Knapp 150 Jahre später findet sich trotz der weiter fortgeschrittenen Spezialisierung als weiteres Beispiel der englische Philosoph und Erzvater des Liberalismus: John Locke ist ein so herausragender Arzt, dass er im Jahr 1686 einem führenden Politiker, Lord Anthony Ashley Cooper, durch einen Leberzystenschnitt das Leben zu retten vermag.

Der erste Titelautor, Aristoteles, ist zwar selber kein Arzt, nur Sohn des makedonischen Leibarztes Nikomachos. Er bietet aber ein schönes Beispiel für wechselseitige Wertschätzung: Ein Naturphilosoph, erklärt er, müsse die Anfangsgründe, also Prinzipien, von Gesundheit und Krankheit in Betracht ziehen, weshalb die meisten Naturphilosophen letztlich zu medizinischen, mithin auch geriatrischen Fragen geführt würden. Diese Notwendigkeit führt zum zweiten Modell, nach der Personalunion zur fachlichen Kooperation.

Die Notwendigkeit einer Erfahrungsbasis ist noch kein zureichendes Argument für die gleichberechtigte Kooperation. Insbesondere fragt man sich, warum die Medizin mitsamt der Geriatrie der Philosophie bedarf. Warum genügt den Ärzten nicht ihr Ethos, das sich in den drei bekannten Maximen bündelt, die übrigens nicht medizinspezifisch, sondern für jedes Berufsethos gültig sind:

Ob Handwerker, Anwalt, Pflegeperson oder Arzt – man hat für das Wohlergehen (salus) seines Kunden, Klienten oder Patienten zu sorgen: *salus personae suprema lex*. Das einschlägige Minimum, zweite Maxime, besteht im Schädigungsverbot oder der Schadensminimierung: *nil nocere*. Schließlich müssen Kunden, Klienten oder Patienten der Arbeit zustimmen, die der zur Hilfe Gerufene vorzunehmen hat. Die ersten zwei als hippokratischer Eid bekannten Grundsätze, erweitert um das zunehmend wichtige Recht auf Selbstbestimmung, legen also weder dem Arzt noch dem Pflegepersonal für Ältere Sonderverpflichtungen auf. Sie sprechen lediglich für ihren eigenen Beruf aus, was jeder Beruf für sein Ethos fordert.

Im Fall der Medizin, etwa der Geriatrie, gehören zum Berufsethos all die Gewohnheiten, Sitten und Eigenschaften, die den guten Arzt bzw. die gute Pflegerin auszeichnen. Dazu zählt keine diagnostische und therapeutische Allwissenheit, wohl aber die Pflicht zur ständigen Fortbildung. Der Arzt muss nicht, wie Paracelsus behauptet, um den Patienten heilen zu können, ihn lieben. Unverzichtbar sind aber Verständnis und Einfühlungsvermögen, Gesprächsbereitschaft und Geduld, die Fähigkeit, zuzuhören und Mut zu machen, sowie die Bereitschaft, menschlich-seelische Probleme nicht bloß zu «somatisieren». Angst und Hoffnungslosigkeit verdienen mehr, als zu einer Depression etikettiert zu werden, die mit Psychopharmaka schon optimal behandelt werde. Schließlich darf der Arzt trotz des hohen Technisierungsgrads seiner Profession sich nicht zum Einsatzleiter von Apparaten degradieren lassen.

Mit diesem Berufsethos befasst sich nun der erfahrene Arzt, sinngemäß auch die Pflegerin und die Heimleiterin. Der Philosoph, ein Theoretiker, kann die Berufsprinzipien zwar aus grundsätzlicheren Prinzipien rechtfertigen. Für deren konkrete Anwendung sind jedoch die Berufspersonen selbst zuständig. Etwaige Verstöße werden von Seiten der Standesorganisationen, in gravierenden Fällen vom Strafrichter geahndet. Den Moralphilosophen braucht es jedenfalls erst dort, wo das überlieferte Ethos gültig bleibt, aber wegen neuartiger Fragen keine hinreichende Orientierungskraft mehr bietet.

Diese tentative Diagnose setzt sich gegen einen Moralismus ab, der in unseren angeblich egoistischen Gesellschaften die Bereitschaft zur Moral schwinden sieht. Ebensowenig folgt sie einem Skeptizismus, der den pluralistischen Gesellschaften die Fähigkeit abspricht, allgemeinverbindliche moralische Grundsätze aufzustellen und durchzusetzen. Denn in Wahrheit erweist sich nicht die Moral, wohl aber, freilich bloß in einem schmalen Bereich, das überlieferte Berufsethos als zu knapp. Erst wegen dieser Knappheit und auch lediglich bei den einschlägigen Fragen braucht die Medizin mitsamt der Geriatrie neuerdings die Kooperation mit einer vornehmlich philosophischen Ethik:

Die neuen Möglichkeiten etwa zum Verlängern und zum Ende menschlichen Lebens schaffen bislang unbekannte Entscheidungsaufgaben. Denn man darf weder unter Berufung auf das Selbstbestimmungsrecht der Patienten eine unbegrenzte Verfügung über menschliches Leben beanspruchen noch unter Hinweis auf die Unantastbarkeit menschlichen Lebens die neuen Möglichkeiten schlechthin verwerfen. Infolgedessen kann man nicht mehr umstandslos sagen, was das selbstverständliche Leitziel der Geriatrie und des Pflegepersonals, das Patientenwohl und der Patientenwille, verlangt.

Der gern zitierte Satz: «Man darf nicht alles, was man kann» ist deshalb richtig und trotzdem, weil offensichtlich unstrittig, «beside the point». Strittig ist erst die Frage, wie die moralischen Verbindlichkeiten näher zu bestimmen und auf die neuen Problemfelder anzuwenden sind. Die Tatsache, dass für die Moral die Philosophie eine Kompetenz besitzt, für die neuen Problemfelder aber die Medizin zuständig ist, fordert nun den Titel Aristoteles plus Hippocrates, eben Arist-o-crates, heraus.

Zur Gliederung

Eine zeitgemäße Erneuerung der philosophischen Alters-kunst weiß um die geistige Seite des Menschen. Ihretwe-gen setzt die Kunst des Alterns im Kopf, bei den Bildern an, die die Älteren von sich selbst und die die Mitmen-schen von ihnen haben (*Kapitel 2*). Die Aufgabe, die sich dabei stellt, altersfreundliche Selbst- und Fremdbilder zu favorisieren, setzt sich in der Fähigkeit zur sachgerechten Grunddiagnose fort: Spricht die wachsende Zahl älterer Menschen für die verbreitete Behauptung, wir lebten in einer «alternden Gesellschaft», oder erweitert sich un-sere Biographie nicht eher um «gewonnene Jahre» (*Kapi-tel 3*)? In jedem Fall sieht sich die Gesellschaftspolitik mit zahlreichen neuen Aufgaben konfrontiert (*Kapitel 4*).

Auf die gesellschaftliche Seite der Alterskunst folgt die personale, die bei bedeutenden «Vorbildern für eine Alterskunst» ansetzt (*Kapitel 5*) und systematische Über-legungen zur Aufgabe, in Würde glücklich zu altern, an-schließt (*Kapitel 6*). Bei der auf das Alter spezialisierten Medizin, der Geriatrie, droht die generelle Gefahr, dass Fragen der Wirtschaftlichkeit überhandnehmen, in be-sonderem Maß (*Kapitel 7*).

Dass der Mensch nicht ewig lebt, ist ihm, obgleich er es gern verdrängt, im Prinzip bewusst. Spätestens im fortgeschrittenen Alter lässt sich die Frage nicht mehr verdrängen: Soll man, kann man überhaupt sein Lebens-ende planen? (*Kapitel 8*) In jedem Fall wird es zum Ster-ben kommen, so dass eine nüchterne Alterskunst der Aufgabe, sich mit dem Lebensende auseinanderzusetzen, nicht ausweicht (*Kapitel 9*). Obwohl eine Kunst des Sterbens, eine *ars moriendi*, nicht verdrängt werden darf, sollte eine Kunst des Alters mit ihr nicht enden. Besser, zugleich hoffnungsvoller, ist es, in einer Art Bilanz mit der Einsicht zu schließen, dass im Alter viele Dinge, die im vorangehenden Leben im Vordergrund standen, etwa das Verlangen nach Wohlstand, Macht und Ehre, im Blick auf ein gelungenes Altern erheblich an Gewicht verlieren. Aus genau diesem Grund gewinnt eine die Alterskunst einschließende Lebenskunst an demokratischem Wert (*Kapitel 10*).

2. Wider die Macht negativer Altersbilder

Wie Spitzensportler mehr und mehr einsehen, beginnt ihr Training im Kopf. Die eigene Lebenseinstellung ist nicht bloß wichtig, sie ist für den Erfolg sogar entscheidend. In diesem Sinn setzt die Kunst des Alters, sowohl deren persönliche als auch gesellschaftliche und politische Seite, bei der rechten Einschätzung des Alters an, die wiederum von den vorherrschenden Altersbildern tief geprägt ist.

Bilder statt Stereotype

Bei den vorherrschenden Altersdiskursen droht die Gefahr, ihren Gegenstand zu vereinheitlichen. Die zuständigen Wissenschaftler, die Mediziner, Naturwissenschaftler und naturwissenschaftsnahen Sozialwissenschaftler, sprechen gern von «den Menschen», also einem epochen- und kulturneutralen Wesen, obwohl sie in Wahrheit vornehmlich Menschen der heutigen wohlhabenden Industriestaaten in den Blick nehmen. Dagegen setzt die Frage nach «Bildern des Alters» einen zweifachen, einen methodischen und einen thematischen Kontrapunkt (vgl. Ehmer/Höffe 2009). Nicht anstelle der vorherrschenden Debatten, sondern zu deren Ergänzung nehmen sie in methodischer Hinsicht eine ideen- und sozialgeschichtliche Betrachtung vor und erörtern thematisch die in der Gesellschaft vorherrschenden, teils bewussten, teils unbewussten Vorstellungen vom Alter und Altern.

Für die ergänzende Betrachtung empfiehlt sich nämlich der Ausdruck «Bilder». Denn im Gegensatz zum Ausdruck «Klischee», einer abgedroschenen Redensart oder einem Gemeinplatz, auch im Unterschied zu dem bei Sozialwissenschaftlern beliebten Ausdruck der Stereotype, der an vorgefasste Meinungen denken lässt, werden im Ausdruck der Bilder Anklänge an «unüberlegte Meinungen» und «Vorurteile» vermieden. Der Ausdruck klingt daher wohltuend neutral. Zudem schwingt in ihm eine Veränderbarkeit, ein Wandel mit, während Stereotype gemäß dem ersten Bestandteil *stereôs* etwas Starres und Feststehendes bezeichnen.

Nach dem Träger der einschlägigen Bilder kann man je zwei Arten unterscheiden, die Selbstbilder der älteren Menschen und die Fremdbilder, die allerdings auf die Selbstbilder zurückwirken: Wie die Jugend die Älteren einschätzt, lässt die Selbsteinschätzung der Älteren höchstens im Fall einer hohen Souveränität unbehelligt, während es sich bei der Gegenrichtung anders verhält. Das Eigenbild der Älteren dürfte das Bild, das sich die Jugend vom Alter macht, in weit geringerem Maß beeinflussen.

In den vorherrschenden Bildern treten persönliche und gesellschaftliche Mentalitäten, Einstellungen und Haltungen zutage, die auf die Lebenssituation älterer Menschen und auf die Struktur der sie integrierenden Gesellschaft weitreichend und tiefreichend einwirken. Wer Einfluss nehmen will, darf also die Altersbilder nicht außer Acht lassen.

Im kulturellen Erbe einer Gesellschaft verwurzelt, geben die Bilder zwar eine Vorgabe ab, die sich weder leicht noch rasch verändern lässt. Sie haben sich aber schon in der Vergangenheit gewandelt und sind auch für die Zukunft nicht fest zementiert, unterliegen vielmehr Veränderungsprozessen, auf die man einwirken kann, gegebenenfalls auch soll. So ist es nicht belanglos, ob man den demographischen Wandel der letzten Zeit als «alternde Gesellschaft» oder als «gewonnene Jahre» diagnostiziert. Für den Menschen, dieses denkende und sprechende Wesen, fängt jedenfalls die hohe Kunst des Alterns bei den üblichen Redeweisen an.

Zwei Pole: Alterslob und Altersschelte

Wer sachgerecht urteilen will, macht sich, um für die Verschiedenheit der Altersbilder und deren Veränderbarkeit sensibel zu werden, in der Vergangenheit und der Gegenwart kundig. Und im Zeitalter der Globalisierung schränkt er sich nicht auf die eigene Kultur ein.

Dieser Doppelblick, der Blick sowohl in die eigene Vergangenheit als auch auf fremde Kulturen, gibt der Gegenwart ein schärferes Profil. Zugleich bewahrt er sie vor einer Selbstüberschätzung, sei es im Positiven: nie war und nirgends ist die Welt besser als hier und heute, sei es im Negativen, der beliebten Klage über den Verfall der Sitten. Nicht zuletzt klingt die Veränderbarkeit an, denn das, was für die Vergangenheit und andere Kulturen zutrifft, gilt auch für die eigene Zukunft: Sie wird anders als die eigene Gegenwart aussehen.

Drei veränderliche Größen, drei Variablen, springen ins Auge. Die Bilder hängen erstens von der jeweiligen Kultur ab, zweitens von deren Zeit oder Epoche, schließlich von der thematischen, etwa der persönlichen oder der sozialen Hinsicht mit Unteraspekten dort von emotionalen, charakterlichen und medizinischen, hier von gesellschaftlichen, rechtlichen und politischen Seiten.

Eines ist jedoch gemeinsam. Sowohl in geschichtlicher Betrachtung als auch im Blick auf andere Kulturen zeigen sich zwar unterschiedliche Gewichtungen, gleichwohl pflegen die Altersbilder zweipolig, sowohl positiv als auch negativ, auszufallen. Sozialwissenschaftler sagen: sie sind binär codiert, wobei ein Auseinanderklaffen der Selbst- und der Fremdeinschätzung hinzukommt. Auf der negativen Seite beklagt man sich über das Alter, etwa über Gebrechlichkeit, Krankheit oder Vereinsamung: Selbstbild, oder tadelt die Alten: Fremdbild, auf der positiven Seite hingegen sieht man gewisse Vorzüge: Selbstbild, oder spendet ihnen Lob: Fremdbild. Obwohl gegensätzlich ausgerichtet, alternieren beide Grundgestalten, dort die Altersklage und Altersschelte, hier der Alterstrost und das Alterslob, nicht etwa in einem geschichtlichen Auf und Ab, vielmehr pflegen beide zur selben Zeit aufzutauchen.

In den zwei Polen, die den verschiedenen Kulturen und Epochen gemeinsam sind, im gleichzeitigen Auftreten von altersfreundlichen und altersfeindlichen Bildern, tritt eine Gemeinsamkeit von anthropologischem Rang, zumindest eine allgemeinmenschliche Lebenserfahrung zutage, die man zu einem Beitrag zum Weltmoralerbe hochstilisieren kann:

Die Menschen wollen zwar lange leben, aber nicht wirklich alt werden. Infolgedessen ist die Zweipoligkeit der Altersbilder nicht nur real, sondern auch realistisch, weshalb es wenig sinnvoll ist, sie zugunsten bloß alters-

freundlicher Bilder aufzulösen, wohl aber, die Gewichts-
verteilung zugunsten der altersfreundlichen Bilder zu beeinflussen. Dies geschehe freilich nicht, um sich eine für
die Älteren bessere Welt einzureden, sondern um im Über-
winden gewaltiger Beharrungskräfte eine bessere Wirklichkeit zu schaffen.

Frühgeschichte

Sucht man zunächst nach einem über lange Zeit vorherrschenden Altersbild, so empfiehlt sich, bei der Wort-
geschichte anzusetzen, denn in ihr verdichtet sich die
Sachgeschichte: Vor drei Generationen durfte man unge-
niert von einem Greis sprechen. Heute klingt es herab-
setzend, obwohl die Haare im Alter unvermeidlich, also
nicht ehrenrührig, jene Farbe annehmen, auf die der Ausdruck «Greis» ursprünglich anspielt und in der Zoologie
vom «grizzly bear», dem Graubären, bekannt ist: Man
wird grau, genauer: hellgrau, silbergrau. Trotzdem spricht
man heute lieber von Senioren und von Betagten oder
beschönigend, euphemistisch von «Best-Ages» und den
«Goldenen Jahren des Lebens». In den romanischen
Anredeformeln aber, beim französischen Seigneur, italie-
nischen Signore, spanischen Señor, auch dem französischen Sire, selbst dem englischen Sir klingt noch an, dass
der Ältere, weil «in Ehren ergraut», als der Ehrwürdige
gilt, der seitens der Jüngeren Achtung verdient. Nach
einem Trostwort, das auf Theodor Fontane zurückgehen
soll, wird man nicht älter, sondern besser. Leider trifft das
weder für alle noch in jeder Hinsicht zu.

Bei den positiven Altersbildern darf man deren häufig

wichtigen rechtlichen und wirtschaftlichen Hintergrund nicht verdrängen. Im antiken Rom beruht die hohe Wertschätzung des Alters auf der gesellschaftlich, politisch und rechtlich herausragenden Stellung des Vaters. Als *pater familias* bildet er das Oberhaupt der Familie, das im Fall der Oberschicht und in Zeiten der Republik zudem Mitglied des «Rats der Alten», des Senats, ist, folglich an der politischen Herrschaft teilnimmt.

Falls nun die Älteren ihre rechtliche und wirtschaftliche Vorrangstellung ausnutzen, liegt es für die Jüngeren nahe, ihnen Geiz und Habgier vorzuwerfen. Nicht nur in allen antiken Gesellschaften, sondern bis heute dürfen die Älteren den Familienbesitz in ihren Händen behalten, was die Jüngeren, sofern sie nicht ein eigenes Auskommen haben, in eine unangenehme Abhängigkeit bringt. Das europäische Theater hat dieses Thema, schaut man etwa auf Plautus' Komödie *Aulularia (Der Goldtopf)* und Molières *L'Avare (Der Geizige)* bühnenwirksam verarbeitet.

Die bloße Hochschätzung des Alters herrscht nirgends vor. Schon in der frühen griechischen Literatur, bei Homer, erscheint die bis heute wirksame Ambivalenz in Form von zwei Vorbildern. Für die negative Einschätzung, für Alters*schwäche* und Hilflosigkeit, ist Priamos, der König von Troja, das Muster (z. B. *Ilias*, Buch XXIV, Vers 486 ff.), für die positive Einschätzung der weise, zudem beredte Ratgeber Nestor, König von Pylos (z. B. *Ilias*, IV, 320–325). Ein weiteres positives Beispiel bietet Teiresias, der blinde Seher aus Athen, den Sophokles in den Tragödien *König Ödipus* und *Antigone* als Warner auftreten lässt. Zu denken ist ferner an das alte Ehepaar

Philemon und Baucis, deren Gastlichkeit Jupiter und Merkur so stark beeindruckt, dass ihre Hütte von den beiden Göttern in einen prächtigen Tempel verwandelt wird, in dem sie als Priester amten und später zu gleicher Zeit sterben dürfen.

Auf der anderen Seite betont der griechische Dichter Hesiod (um 700 v. Chr.) in seinem Weltalter-Mythos *Theogonie* den negativen Aspekt. Dem mythischen Goldenen Zeitalter sei das «elende Alter» unbekannt gewesen, während die Menschen des Eisernen Zeitalters rasch alterten, das Alter aber nicht ehrten. Diese negative Einschätzung herrscht in der griechischen Dichtung aber nicht vor. Der Schriftsteller Mimnermos (um 600 v. Chr.) klagt zwar im Gedicht «Des Lebens Last» über «leidiges Altern», weshalb «ein schleuniger Tod besser als Leben» sei, und wünscht sich in den «Leiden des Alters» zu «sterben im sechzigsten Jahr!» Darauf antwortet sein Zeitgenosse, der Athener Gesetzgeber Solon, im Gedicht «An Mimnermos» mit dem Wunsch (der sich ziemlich genau erfüllen sollte): «Mag mich im achtzigsten Jahr treffen das Todesgeschick!» Denn «Auch als alternder Mensch lerne ich ständig noch zu». Auch bei Platon klingt ein positives Altersbild an, wenn er erklärt, weil man Einsicht und festgegründete wahre Meinungen erst im Alter erreiche, sei für hohe politische Ämter ein Mindestalter, das von 50 Jahren, erforderlich (*Nomoi/Gesetze* II 653 a).

Die bildende Kunst der Griechen bestätigt die Zweipoligkeit, denn sie stellt beide, die Würde und die Schwäche, sogar die Hässlichkeit des Alters dar. Erst die römische Portraitkunst wird das Alter zwar realitätsnah, aber in Würde darstellen. Ähnliches trifft später auf Portraits von alten Leuten und auf Selbstporträts alt gewordener Maler zu. In ihrem Medium, der Malerei, herrscht häufig eine aufs Ganze gesehen zuversichtliche Botschaft für das Alter vor. In Dürers Gemälde «Mutter», in Rembrandts zahlreichen Portraits alter Personen («eines alten Juden», «einer alten Frau», «eines alten Mannes» und «eines alten Mannes in Rot»), auch in späten Selbstbildern europäischer Maler wie Michelangelo, Tizian, Tintoretto, Rembrandt und vielen anderen wird das Alter, ohne es zu idealisieren, weniger in Schwäche und Hinfälligkeit als in einer von Lebenserfahrung und Lebensleistung getragenen gelassenen Würde, man darf sagen, «verewigt».

Die emotionale Aussagekraft eines Bildes hängt freilich vom Betrachter ab, von seinen Erwartungen, Wünschen, der derzeitigen Stimmung und anderen Faktoren. Die britische Schriftstellerin Zadie Smith nimmt bei der Betrachtung von Balthasar Denners Gemälde «Alte Frau» den Endpunkt eines zwar noch nicht abgeschlossenen Lebensweges wahr, für den ein bestimmender Teil aber schon vergangen ist: «Meine Zeit als junge Frau ist vorbei» (Smith 2017).

Einen Großteil von Altersklagen kann man mit dem Fehlen einer öffentlichen Altersfürsorge erklären. Um trotzdem Vorsorge zu treffen, standen zwei Möglichkeiten offen: Entweder erwarb man rechtzeitig einen hinreichenden Besitz oder man hoffte auf Unterhalt durch die Kinder, der aber nicht nur bei deren frühem Tod ausbleiben konnte. Die Klage über das «verfluchte, widerwärtige Altwerden» kann aber auch aus dem Munde eines materiell gut gestellten Hypochonders erfolgen, des ewig unzufriedenen Gutsbesitzers und Professors im Ruhestand,

Alexander Wladimirowitsch Serebrjakow, aus Anton Tschechows Theaterstück *Djadja Vanja, Onkel Wanja*.

Schauen wir noch einmal in die klassische Antike (vgl. Wagner-Hasel 2012). Hier bietet ein für fast zwei Jahrtausende kanonisches Werk, Aristoteles' *Rhetorik,* eine Fundgrube für die damalige Sozialgeschichte. Das zweite Buch entfaltet nun in den Kapiteln 12–14 eine nuancenreiche Psychologie für die drei Lebensalter, für die Jungen (*neoi*), für die in der Blüte (*akmê*) des Lebens Stehenden und für die Älteren (*presbyteroi*).

Bekannt ist diese Dreigliederung schon vom berühmten Rätsel der Sphinx von Theben, wer das Wesen sei, das sich zunächst auf allen Vieren («Säugling»), dann auf zwei («Erwachsener»), schließlich auf drei, nämlich um eine Gehhilfe erweiterten Beinen bewege. Diesem Dreischritt des Daseins, der sich auch in anderen Kulturen findet, dass auf eine Phase des Aufstiegs zunächst eine Zeit der Blüte und schließlich eine Phase des Abstiegs folgen, muss man sich aber nicht beugen.

Andere Autoren unterteilen differenzierter. Pythagoras gliedert das Leben in vier Stufen zu je 20 Jahren, wobei auch er, weil er sich an den vier Jahreszeiten orientiert, dem Gedanken eines Auf- und eines Abstiegs folgt. Solon teilt in seiner Lebensalter-Elegie das Leben in zehn Stufen zu je sieben Jahren ein, womit er das Alter, das er selber erreichen wird, die 80 Jahre, unterschätzt. Eine erstaunliche Untergliederung findet sich im Assyrischen: 40 Jahre ist Blüte, 50 Jahre sind kurze Tage, 60 Jahre ist reifes Alter, 70 Jahre sind lange Tage, 80 Jahre ist Greisenalter und 90 ein gesegnetes Alter/langes erfolgreiches Leben (Gurney/Hulin 1964, Text 400, Z. 45–47).

Kehren wir zu Aristoteles zurück: Gemäß ihrem Gegenstand lässt sich die Schrift *Rhetorik* weniger auf eine «Theorie» der Älteren als auf deren tatsächliches Bild im gemeingriechischen Verständnis, auf die damals vorherrschende Alterspsychologie, ein. Dabei überträgt Aristoteles seinen ethischen Grundgedanken des *meson*, der Mitte, auf die drei Altersgruppen. Wie die vorbildliche Haltung, die Tugend, die Mitte zwischen den beiden Fehlhaltungen, dem Zuwenig und dem Zuviel, einnehme, wie zum Beispiel die Tapferkeit die Mitte zwischen der Feigheit und der Tollkühnheit bilde, so sei der ältere Mensch hinsichtlich seiner Leidenschaften und seines Charakters das Gegenteil der Jüngeren, während die in der Blüte Stehenden die Höchstform des Menschlichen erreichten.

Als Grund für diese wenig schmeichelhafte Einschätzung der Älteren nennt Aristoteles, dass die Älteren im Verlauf ihres Lebens sich öfters getäuscht, überdies viele Fehler gemacht haben. Weil sie vieles Schlechte erlebt haben, sind sie in ihren Urteilen vorsichtig; sie behaupten nichts mit Sicherheit, setzen lieber ein «vielleicht» hinzu. Weil sie hinter allem das Schlechtere annehmen, sind sie argwöhnisch. Vom Leben erniedrigt, setzen sie sich keine bedeutenden Ziele mehr. Sie sind kleingesinnt, überdies knauserig, nicht zuletzt, weil sie vor allem Furcht haben, feige. Weil man das, was kaum noch vorhanden sei, besonders begehre, hängen sie, je näher das Lebensende komme, umso mehr am Leben. (Die biblische Erfahrung, dass man, weil «des Lebens satt», zuversichtlich aufs Ende blicke, ist nach Aristoteles den Älteren fremd.)

Die Älteren, fährt die *Rhetorik* fort, leben mehr in der Erinnerung als in Hoffnung. Sie reden ununterbrochen über das Vergangene, weil sie bei dessen Erinnerung Freude empfinden. Sofern sie Unrecht begehen, tun sie es nicht wie die Jungen aus Übermut (*hybris*), sondern aus Bosheit (*kakourgia*). Und Mitleid verspüren sie nicht aus Menschenliebe, sondern aus Schwäche, denn alles, was es zu erleiden gibt, halten sie für nahe bevorstehend. Schließlich seien sie nicht humorvoll, sondern weinerlich.

Dem gegenüber zeichnet knapp zwei Generationen später der Philosoph Epikur im *Brief an Menoikeus* (Abschnitt 122) ein erfreulicheres Bild: «Weder soll der Jüngling zögern zu philosophieren noch der Greis müde werden zu philosophieren; denn man ist weder je zu jung noch zu alt für die Gesundheit der Seele.» Für Epikur besteht diese Gesundheit in einer *ataraxia*, in jener Gemüts- und Seelenruhe, die als Gleichmut gegen Schicksalsschläge und als Freisein von Schmerzen und Begierden ein beständiges und sicheres Zufriedensein ermöglicht.

Nach Epikur steht es jedem Menschen frei, unabhängig von seinem Zustand und seiner Lebensphase das zu erreichen, was er hier «Philosophieren» nennt: das Streben nach der Ataraxie. Allerdings dürfte es für die nähere Art, die Seelenruhe anzustreben und zu realisieren, Unterschiede des Alters geben, womit nur das Leitziel, der Glückszustand des inneren Friedens, altersunabhängig wäre, aber nicht der Weg dorthin und auch nicht die konkrete Ausgestaltung.

Für die Altersbilder der Griechen hat die Medizin ein besonderes Gewicht. Seit dem berühmten Arzt Hippokrates beschäftigt sie sich nämlich mit den organischen Kennzeichen des Alters wie etwa einer faltigen Haut. Sie untersucht die Veränderungen von Blut, Lymphe, Galle, Schleim und Gewebewasser und kennzeichnet in diesem Zusammenhang das Alter durch einen zunehmend trockenen und kühlen Organismus. Auch weiß man schon damals um unterschiedliche Krankheitsverläufe bei Jüngeren und Älteren und kennt altersspezifische Krankheiten. Der überragende Zoologe der Antike, der Philosoph Aristoteles, widmet der Frage von *Lang- und Kurzlebigkeit* sogar eine eigene kleine Abhandlung und eine weitere der von *Jugend und Alter.*

Die nachklassische Medizin untersucht die schon vorher bekannten Altersphänomene genauer. Der Leibarzt des Kaisers Mark Aurel, Galen, führt schon eine ausdrückliche Altenpflege (*gerokômê*) ein, deren Elemente wie Massagen, Diät, Bewegung und Atemübungen der genannten «Trockenheit» und «Kälte» des Organismus entgegenwirken, also den Alterungsprozess verlangsamen sollen. Anti-Aging ist also keine Erfindung der letzten Jahrzehnte. Allerdings ist man sich auch der Grenzen bewusst. Der Versuch, das Altern aufzuhalten, übersteigt nach Galens Zeitgenossen Kelsos bzw. Celsus klarerweise die Kräfte der ärztlichen Kunst.

Ein moderner Verhaltenswissenschaftler wie der Berliner Altersforscher Paul Baltes sieht im Alter «gleichzeitig ein körperliches, psychisches, soziales und geistiges Phänomen» (2007, 15). Man spricht auch von einem «bio-kulturellen Ko-Konstruktivismus» und meint damit das Zusammenspiel von biologischen und kulturellen Elementen. Von diesen beiden überragend wichtigen Faktoren – persönliche Elemente kommen als Drittes hinzu – dürfte die Medizin seit den Griechen den biologischen Teil stärken, zugleich die Kulturabhängigkeit mindern.

Als Ärzte werfen die griechischen Mediziner auf das Alter einen nüchternen Blick, mit dem eine veritable Alterswissenschaft beginnt, die der neueren Spezialmedizin, der Geriatrie, vorgreift. Letztlich am Wohlergehen der älteren Menschen orientiert, beläuft sie sich auf eine humane Wissenschaft, die den ersten hippokratischen Grundsatz «salus aegroti suprema lex» zum Prinzip abwandelt «salus senis suprema lex»: das Wohlergehen des älteren Menschen sei oberstes Gesetz. Ihre Basis bildet eine naturwissenschaftliche Grundlagenforschung, die Aristoteles in seiner *Rhetorik* um eine sozialpsychologische Grundlagenwissenschaft ergänzt.

Von Francis Bacon zu Pablo Casals

Überspringt man aus Gründen der Selektion das Mittelalter, immerhin etwa tausend Jahre, so tritt eine literarisch-philosophische Gattung in den Blick, die frühneuzeitliche Moralistik, die, von entsprechenden antiken Vorläufern wie Seneca beeinflusst, weniger moralische Grundsätze aufstellt als im Sinne eines bemerkenswerten Vorgriffs auf eine vergleichende, komparatistische Sozialwissenschaft unterschiedliche Verhaltensweisen beobachtet. Zusätzlich lässt sie sich auf eine Moralkritik ein, macht nämlich auf verdeckte Triebfedern aufmerksam, gibt zudem moralisch-praktische Ratschläge. Charakteristisch für sie ist ihr Stilwille. Ihre moralkritischen Einsichten bringt sie in ebenso geistreichen wie künstlerisch durchgeformten «Versuchen», Essays, und deren zugespitzter Form, Aphorismen, zur Sprache.

Als Beispiel diene der britische Lordkanzler, Wissenschaftsprophet, Sozialphilosoph und Ideologiekritiker Francis Bacon. Im Essay «Über Jugend und Alter» («Of Youth and Age», 1612/1985, Nr. 42) nimmt er ähnlich wie Aristoteles in der *Rhetorik* eine Vergleichsanalyse vor, beschränkt sie aber auf zwei Lebensalter, womit er das weit verbreitete Dreiphasenmodell – Aufstieg, Höhe und Abstieg – relativiert: «Die Erfahrung leitet die Alten sicher in dem, was in ihren Bereich fällt, täuscht sie aber im Hinblick auf das Neue … Bejahrte Menschen machen zu viele Einwürfe, überlegen zu lange, wagen zu wenig, bereuen zu früh und beuten die Gelegenheit selten bis ins letzte aus, sondern begnügen sich mit einem mittelmäßigen Erfolg.»

Aufseiten der Jugend herrschen laut Bacon gegenläufige Schwächen: «Junge Leute übernehmen in der Leitung und Handhabung von Geschäften mehr, als sie durchführen können; rühren mehr auf, als sie wieder beizulegen vermögen; jagen zum Ziel, ohne Mittel und Wege zu bedenken.» Bacon empfiehlt daher etwas, das eine kluge Arbeitspolitik übernehmen kann: Er hält es für «wünschenswert, beide Lebensalter zusammenarbeiten zu lassen; den Vorteil hat die Gegenwart, da die Vorzüge beider auch beide Mängel ausgleichen können». Ebenso sei dies «nach außen» vorteilhaft, «denn das Alter genießt

Autorität, die Jugend Wohlwollen und Beliebtheit». Weiterhin behauptet Bacon: «Das Alter nimmt weit mehr an Verstandeskräften als an Vorzügen des Willens und Gemüts zu.» Der Grund für den dabei angedeuteten Verlust an Gemütskräften erinnert an eine pessimistische Diagnose von Aristoteles: «Je mehr der Mensch von der Welt trinkt, desto mehr vergiftet sie ihn.»

Mit dem nächsten Beispiel wechseln wir die literarische Gattung. Einer der «voyages imaginaires», der utopischen Reiseromane, des 16. und 17. Jahrhunderts, die Sozialutopie *Christianopolis* (1619) des schwäbischen Theologen Johann Valentin Andreae, widmet den «Alten» ein eigenes Kapitel. Dass Andreae das Alter für eine Krankheit hält, kann hier außer Betracht bleiben (s. Kap. 7). Wichtiger ist die Wertschätzung und Hilfe, die die «Alten beiderlei Geschlechts» erhalten. Sie werden nämlich von Vorläufern heutiger professioneller Alterspflege, «von eigenen Personen», versorgt, aufgemuntert, geehrt und um Rat gefragt. Der Grund lässt an Dankbarkeit denken: Sie haben sich bislang «unter größten Mühen und Verdiensten bis ins gebückte Alter mit beachtlicher Treue und Fleiß aufgeopfert.»

Für eine vergnügliche Liste kleinerer Fehler im Alter bietet sich Jonathan Swifts «Entschließungen für mein Alter» an. Das Muster eines verbitterten Alten bietet Shakespeares König Lear, ebenfalls deprimierend ist Rudolf Alexander Schröders Gedicht «Vom alten Mann». Natalia Ginzburg (1976, 17–21) urteilt umsichtiger. Für sie bedeutet das Alter zwar vor allem das Ende des Staunens. Aber, fährt sie fort, etwas bringt uns «immer noch zum Staunen: zu sehen, wie es unsern Kindern gelingt, die Gegenwart zu bewohnen und zu entziffern, während wir immer noch damit beschäftigt sind, die durchsichtigen und klaren Worte zu buchstabieren, die unsere Jugend verzauberten».

Noch altersfreundlicher verhält sich ein bedeutender Geiger. Auf die Frage nach dem Älterwerden antwortet Nigel Kennedy (Hamboch 2011), soeben 60 Jahre geworden: «Oh, keine Ahnung – ist mir bislang noch nicht passiert.» Eine ähnlich optimistische Lebensfreude bezeugt der spanische Cellist Pablo Casals, wenn er erklärt: «Alter ist überhaupt etwas Relatives. Wenn man weiter arbeitet und empfänglich bleibt für die Schönheit der Welt, die uns umgibt, dann entdeckt man, dass Alter nicht notwendigerweise Altern bedeutet» (1971, 9). Im selben Text berichtet er von der Einladung zu einem Gastdirigat beim Georgisch-Kaukasischen Orchester, von dessen Mitgliedern keiner unter 100 Jahre, der damalige Präsident sogar 123 Jahre alt war.

Ein Blick in die Fremde

Für das Zeitalter der Globalisierung ist eine Neugier über die Grenzen der eigenen Kultur hinaus unabdingbar (für das Themenfeld Alter und Altern s. u. a. den ersten Teil «Historische, inter- und transkulturelle Perspektiven» in: Ehmer/Höffe 2009 und Kielmansegg/Häfner 2012, bes. Teil I–II).

Wesensbestimmungen des Menschen sind ihrer Aufgabe gemäß altersunabhängig. Das, was den Menschen zum Menschen macht, kommt dem Älteren nicht weniger als der Jugend zu. Altersindifferent sind zum Beispiel die beiden auf die Antike zurückgehenden Definitionen: dass der Mensch sprach- und vernunftbegabt und dass er ein soziales, näherhin politisches Lebewesen ist. Bei den konkreten Bildern pflegt das altersunabhängige Wesen des Menschen aber in den Hintergrund zu treten. Wenn beispielsweise Aristoteles die Blüte des Menschen dem Alter von 40 Jahren zuordnet, so glaubt er kaum, dass es danach mit der Vernunft- und der Polisnatur des Menschen mehr und mehr bergab gehe.

Auch für die monotheistischen Religionen, beispielsweise das Judentum und das Christentum, ist ein altersindifferenter Blick typisch. In der entscheidenden Bestimmung des Menschen als Ebenbild Gottes und als dessen Stellvertreter auf Erden spielt das Alter keine Rolle. Der anthropologische Kern ist hier eindeutig altersunabhängig, man kann auch sagen: altersresistent. Trotzdem gibt es auch altersspezifische Äußerungen. Sie finden sich allerdings weniger im Neuen Testament der Christen als in der jüdischen Bibel. Deren Altersbild schwankt zwischen den bekannten Polen, zwischen dem Alterslob und der Altersschelte.

Wegen der wachsenden Zahl muslimischer Mitbürger empfiehlt sich ein Blick auf deren Bilder vom Alter: In der türkischen, überwiegend muslimisch geprägten Gesellschaft herrscht noch der Respekt vor den Älteren vor. Ob sich diese traditionelle Einstellung in den türkischen Großstädten und unter den im Ausland lebenden Türken erhalten lässt, wird die Zukunft zeigen. Wie vielerorts ist wohl auch hier mit einem Rückgang traditioneller Lebensformen zu rechnen.

Der Hinduismus bietet mit seiner Einteilung des Le-

bens in vier Abschnitte das wohl provokativste Gegen-
bild zum säkularisierten Westen. Auf zwei profane, mit
Lernen und Erwerbsstreben gefüllte Abschnitte folgen
nämlich zwei religiöse Phasen, in denen Mann und Frau
zunächst gemeinsam Schüler eines religiösen Meisters
werden, um danach jeder für sich, ohne eine feste Bleibe
und frei von irdischen Bindungen, zu heiligen Stätten zu
pilgern.

Schauen wir noch auf eine weitere uns wenig bekannte
Kultur: Im klassischen chinesischen Denken bilden sich
zwischen dem 6. und 3. Jahrhundert v. Chr. verschiedene
Schulen aus, die bis heute, oft ineinander greifend, nach-
wirken. Drei von ihnen, den Daoismus, den Legismus
und den Buddhismus, lassen wir hier beiseite und begnügen uns mit wenigen Gesichtspunkten aus dem *Lunyu*,
den Kongzi (Konfuzius) zugeschriebenen «Gesprächen».

Das Altersbild steht dort in Zusammenhang mit der
Vorstellung einer wohlgeordneten Gesellschaft. In ihr
gebührt der Familie, auch der Großfamilie, der Sippe,
sowohl genetisch als auch normativ der Vorrang vor dem
Staat, wobei insbesondere der Vater einen hohen Rang
genießt: «Zu Lebzeiten des Vaters folge seinem Willen;
nach dem Tode des Vaters orientiere dich an seinen Taten.
Wenn du lange Zeit nicht vom Weg deines Vaters ab-
weichst, kann man sagen, dass du dich ehrfürchtig und
pietätvoll verhältst» (Konfuzius 1982, 11).

Der Vorrang des Vaters erinnert an das klassische
Rom, wird bei Konfuzius aber weniger wie in Rom durch
das Recht, vielmehr stärker durch Sitte und Moral ge-
stützt. Ein weiterer Vorrang gebührt den älteren Brü-
dern, so dass es dem Konfuzianismus weniger auf das

Bild des Alters als auf Verwandtschaftsbeziehungen ankommt. Weil die Sorge für die Eltern wichtiger als der Dienst am Staat ist, braucht der konfuzianisch geprägte Chinese nicht wie viele Menschen der Antike einen Lebensabend in Elend und Verachtung zu befürchten.

Im Buch *Shuoyuan* erklärt jemand seinem verärgerten König, der Fürstendienst sei das Mittel, etwas für seine Eltern zu tun. Und der zweite konfuzianische Klassiker, Mengzi (Menzius), kritisiert die Politik, weil sie dem Volk nicht mehr ermögliche, den Eltern einen sorgenfreien Lebensabend zu gewähren. Dort aber, wo die Sorge für die Eltern ausbleibt, trifft ein resignatives Wort chinesischer Weisheit zu: «Das Alter ermangelt der Güte wie das trockene Wetter des Taus.»

Blickt man auf das zeitgenössische Japan, so findet man zwischen den Generationen Lebensverhältnisse vor, die an die konfuzianische, auch türkische Forderung nach Pietät gegenüber den Älteren denken lässt. Der in Japan für eine moderne Industrienation außergewöhnlich hohe Prozentsatz von Mehrgenerationenhaushalten – die Eltern leben mit ihren Kindern und deren Enkeln – lässt sich aber weniger mit Respekt und Pietät erklären als mit dem Vorgriff auf die zu erwartende Hilfs- und Pflegebedürftigkeit. Trotzdem gewinnt ein Grundmotiv der europäischen Sozialgeschichte auch in Japan zunehmend an Gewicht: das Ideal, sein Alter finanziell und personell unabhängig von den Nachkommen führen zu können. Für den Fall der Hilfs- und Pflegebedürftigkeit braucht es jedoch Nachkommen, selbst wenn es nicht die eigenen sein müssen.

Dieser selektive Blick auf außerwestliche Kulturen bestätigt die Zweipoligkeit der Altersbilder. Weil aber das relative Gewicht der beiden Pole glücklicherweise beeinflussbar ist, sucht eine Kunst des Alterns sowohl auf der persönlichen als auch der sozialen Seite das Gewicht der altersfeindlichen Bilder zu schwächen, das der altersfreundlichen hingegen zu stärken.

3. «Alternde Gesellschaft» oder «gewonnene Jahre»?

Wegen der dramatisch veränderten Demographie pflegt man heute von einer «alternden Gesellschaft» und von «Überalterung» zu sprechen und dann unwillkürlich an jene zunehmende Vergreisung zu denken, die Eugen Roth mit seinen ironischen Versen kommentiert: «Ein Mensch schaut in der Straßenbahn / der Reihe nach die Leute an: / Jäh ist er zum Verzicht bereit / auf jede Art Unsterblichkeit.» Die Befürchtung, in der Wirtschaft, vermutlich auch in Wissenschaft und Kultur lasse die Kraft zur Innovation nach, die Zahl der Pflegebedürftigen nehme hingegen zu, dieses vielerorts vorherrschende Selbstbild unserer Gesellschaft, eine zeitgenössische Variante von Oswald Spenglers kulturkritischer Diagnose vom «Untergang des Abendlandes», hält einer näheren Prüfung nicht stand.

Zunächst sei an eine Mehrdeutigkeit erinnert. Der Ausdruck «Alter» bezeichnet nicht notwendig die späte Phase einer Biographie. Wie die Rede von «Altersaufbau», «Altersbestimmung», «Altersgrenze» und «Altersunterschied», wie «blühendes Alter» und «Kraft des Alters» bis heute beweisen, bedeutet er ursprünglich nicht das hohe Alter. Wie das lateinische *aevum* bezeichnet der Ausdruck vielmehr das Zeitalter und Weltalter oder wie das lateinische *aetas* jedes Lebensalter (s. *Deutsches Wörterbuch*, Bd. 1, 268 f.). Vermutlich entwickelt sich die Bedeutung sogar von der Gegenphase des hohen

Alters aus, vom Heranwachsen des Unmündigen, erweitert sich später zu den Altersstufen im Allgemeinen und noch später zu *senectus*, zu jenem höheren Alter im Gegensatz zu allen vorangehenden Lebensphasen, das bei Ausdrücken wie «Altersfürsorge», «Altersheim», «Altersschwäche», «Alterssicherung» und «Alterssichtigkeit» anklingt und auf das die Ausdrücke «alternde Gesellschaft» und «Überalterung» anspielen. (Zur facettenreichen Antwort auf die Frage, was Alter und Altern sind, s. Stock/Lessl/Baltes 2005, Gruss 2007, Staudinger/ Häfner 2008 und Sill 2016.)

Die empirische Sozialforschung hat nun ein im wörtlichen Sinn para-doxes Ergebnis gezeitigt: Das Risiko, pflegebedürftig zu werden, ist in den letzten Jahren kaum gestiegen, das, an Demenz zu erkranken, sogar gesunken. Dem kann man zwar entgegenhalten, heute entfielen die Hälfte aller Gesundheitskosten auf die über 65-Jährigen. Die Kostenhälfte entfällt aber ebenso auf die letzten sechs Lebensmonate, unabhängig davon, ob man jung oder alt stirbt.

Nimmt man die verschiedenen Sozialbefunde zusammen, so ergibt sich ein neues Gesamtbild, das die Wirklichkeit weit besser als die Rede von «alternder Gesellschaft» trifft. Es trägt den Titel «Gewonnene Jahre»: Die Zeit des Lebens, die die Menschen ohne altersbedingte Erkrankungen verbringen, ihre «Gesundheitsspanne», hat sich deutlich verlängert. Dabei findet statt einer Überalterung ein «Gewinn an Lebensqualität» statt. Die heutigen Senioren erleiden weniger Infarkte und Gefäßverkalkungen als frühere Generationen, sie haben sogar durchschnittlich größere Gehirne.

Zunehmende Lebenserwartung

Das neue Bild, das in bewusstem Gegensatz zur unbedachten Rede von «alternder Gesellschaft» die «gewonnenen Jahre» hervorhebt, setzt bei einer enormen Veränderung der Lebenserwartung an. In seiner Zeit, dem 16. Jahrhundert, schreibt Michel de Montaigne im Essai *Über das Alter* (*De L'aage* 1580), war «an Altersschwäche zu sterben ein seltener, geradezu außergewöhnlicher Tod». Seit der Zeit, für die man verlässliche Daten hat, seit 1840, hat sich die durchschnittliche Lebenserwartung verdoppelt; pro Jahrzehnt ist sie stetig um 2,4 Jahre gestiegen. Zu Beginn des 20. Jahrhunderts konnten Sechzigjährige in Mitteleuropa im Durchschnitt dreizehn bis vierzehn Jahre, heute können sie das Doppelte, etwa zwei Dutzend weitere Lebensjahre erwarten, Frauen dabei mehr, Männer etwas weniger.

Die Gründe für die gestiegene Lebenserwartung sind bekannt: Bis ins 20. Jahrhundert wird Europa von Seuchen bzw. Epidemien, etwa von Pest, Cholera, Pocken und Typhus, heimgesucht. Die bald nach Ende des Ersten Weltkrieges in Europa wütende Spanische Grippe fordert mehr Opfer als der Weltkrieg selber.

Zudem ist West- und Nordeuropa glücklicherweise seit mehr als 70 Jahren von Kriegen verschont geblieben. Weil die Verbesserung der Hygiene, weil Antibiotika und weitere Fortschritte der Medizin und der gesundheitlichen Versorgung hinzukommen, ferner eine bessere Arbeits- und Wohnsituation und eine bessere Ernährung sowie andere Elemente umsichtiger Lebensführung, nicht zuletzt weil aufgrund von Kühlmethoden Lebensmittel seltener verderben, erfreuen sich große Teile Europas einer hohen durchschnittlichen Lebenserwartung.

Allerdings erreichten schon vor mehr als zwei Jahrtausenden viele der großen Griechen ein bemerkenswert hohes Alter: Der Athener Tragödiendichter Sophokles wird ebenso 90 Jahre alt wie später die Philosophen Pyrrhon und Pythagoras; der Sophist Gorgias erreicht sogar das Alter von 109 Jahren; der Kirchenvater der Philosophie, Platon, stirbt im sprichwörtlich biblischen Alter von 80 Jahren, der Stoiker Epiktet wird 88 Jahre und der Begründer der Atomistik, der Philosoph Demokrit, 89 Jahre alt. Nun könnte man diese Beispiele für seltene Ausnahmen halten. Die Personen, die ein griechischer Schriftsteller, Diogenes Laertius, in seinem *Leben und Meinungen berühmter Philosophen* behandelt, erreichen jedoch nach heutiger Überprüfung der Lebensdaten kein geringeres Durchschnittsalter als 75 Jahre.

Springen wir in die Neuzeit, so finden sich ebenfalls zahlreiche Beispiele, die sich noch nicht der modernen Medizin verdanken: Francis Bacon stirbt erst gegen Ende seines neunten Lebensjahrzehnts, dies wahrscheinlich deshalb, weil er seiner eigenen Lebensweisheit gefolgt ist: «In Stunden der Mahlzeit, des Schlafes und der körperlichen Bewegung sorglos und heiter gestimmt zu sein ist eine der besten Regeln für langes Leben» (*Essays*, Nr. 30). Bacons zeitweiliger Sekretär, der überragende Staatsphilosoph der frühen Neuzeit, Thomas Hobbes, wird trotz zahlreicher Anfeindungen und einer zweimaligen mühseligen Flucht 91 Jahre alt. Immanuel Kant, obwohl seit der Geburt von schwacher Gesundheit, veröffentlicht sein erstes Werk, das ihm Weltruhm einbringt, die *Kritik der reinen Vernunft*, erst im Alter von 57 Jahren, wird dann noch 23 Jahre leben und Jahr für Jahr überragende philosophische Werke veröffentlichen.

Die heutige Lebenserwartung von Männern übertrifft die Lebenserwartung der griechischen Philosophen noch um drei, freilich auch lediglich um drei Jahre, was den medizinischen Beitrag zur höheren Lebenserwartung erneut relativiert. Eher erfreut sich heute der Durchschnitt der Bevölkerung einer Lebenserwartung, die früher schon, aber weitgehend nur der gebildeten Mittel- und Oberschicht zukam.

Auf einen weiteren Befund pflegen merkwürdigerweise heutige Altersforscher selten aufmerksam zu machen: dass nicht nur griechische Berühmtheiten, sondern außer den genannten Philosophen weitere zahlreiche Genies der Neuzeit deutlich älter werden. Eine Ausnahme zum professionell eingeschränkten Blick bildet wieder einmal ein nicht-akademischer Altersforscher, der Arzt und Schriftsteller Gottfried Benn (1954, 14–17). Unter den damals schon verstorbenen Malern und Bildhauern führt er unter anderem Tizian an, der 99, und Michelangelo, der 89 Jahre alt wird; er nennt Goya 82, Liebermann 88 und Munch 81, auch Degas 83, Monet 86 und Menzel 90. Das Durchschnittsalter der von Benn berücksichtigten 18 Personen beläuft sich, falls ich mich nicht verrechnet habe, auf knapp 84 Jahre, also auf beinahe ein Jahrzehnt mehr als bei den griechischen Berühmtheiten.

Danach nennt Benn Dichter und Schriftsteller, unter anderen Goethe 83, Shaw 94, Tolstoi 82, Voltaire 84, Victor Hugo 83, Gerhart Hauptmann 84 und Fontane 79. Die von ihm angeführten 26 Personen erreichen ein Durchschnittsalter von 82,4 Jahren, die großen Musiker, etwa Verdi 88, Schütz 87, Händel 74, Haydn 78 und Cherubini 82, im Durchschnitt von 15 genannten Personen noch knapp 79 Jahre.

Diese Daten, kommentiert Benn zu Recht, widerlegen erstens «die bürgerlich-romantische Ideologie» vom «Verzehrungscharakter der Kunst», denn deren angeblichen Beispielen wie Schiller, der mit 46 Jahren, und Kleist, der mit 34 Jahren stirbt, liegen akute Krankheiten, so Schiller, oder ein Freitod, so Kleist, also keine ihrer Kunst interne Auszehrung zugrunde. Vor allem ist, hier im Widerspruch zu Montaignes Behauptung, Altwerden nicht schlechthin neu, neu ist lediglich, dass nicht nur Hochgebildete und Genies, sondern alle Bevölkerungsschichten ein langes Leben erwarten können.

Allerdings werden, einem Bericht aus dem «Altheimatland» aus den 1930ern zufolge, laut einem hohen bayerischen Beamten schon vor mehr als zwei Jahrhunderten, nämlich im Jahr 1800, in Tegernsee die Frauen «80 Jahre alt», dies obwohl sie acht bis zehn Kinder auf die Welt bringen, die Männer freilich «selten 60 bis 70» (Tegernseer Nachrichten, März 2018, 26)

An dieser Stelle sei ein Seitenblick auf die biologischen Verwandten des Menschen, die Primaten, erlaubt. Das Muster, nach dem der Homo sapiens altert, teilt er, sagt die Forschung, mit Affen und Lemuren (Halbaffen). Auf eine (beim Menschen nur ehemals) hohe Sterblichkeit am Lebensanfang folgen eine geringe Sterblichkeit in der Jugend (sofern sie nicht in den Krieg ziehen muss) und – mit Verlaub eine triviale Feststellung – eine mit zunehmendem Alter wachsende Sterblichkeit.

Bekanntlich haben Frauen eine höhere Lebenserwartung als Männer. Auch dafür findet sich bei den Affen eine Entsprechung, freilich mit einem interessanten Unterschied: Je stärker sich bei einer Primatenart die Männchen um die Gunst der Weibchen bemühen müssen, umso größer ist die geschlechtsbezogene Altersdifferenz. Bei nahezu monogam lebenden Affenarten ist der Unterschied gering, bei den polygam lebenden Gorillas und Schimpansen hingegen groß. Sind deshalb bei den Menschen die Personen, die von ihrem Beruf her zölibatär, ehelos leben, bei Mönchen und Nonnen, die Unterschiede der Lebenserwartung gering? Ist ferner zu erwarten, dass bei einer zunehmenden Tätigkeit von Frauen in Karriereberufen die Differenz der Lebenserwartung abnimmt? Trifft dies vor allem auf die Karrieren zu, in denen sich die Frauen mehr um die Gunst der Männer bemühen müssen?

Kalendarische Altersgrenzen sind fragwürdig

Die Diagnose der alternden Gesellschaft ist schon deshalb irreführend, weil eine Gesellschaft, also ein Kollektiv, schwerlich altern kann. Noch gravierender ist, dass sie eine feste Altersgrenze ansetzt, die sich überdies an einem äußeren, kalendarischen Datum orientiert, nicht am tatsächlich gelebten und erlebten, dem sowohl biologischen als auch emotionalen, sozialen und geistigen Alter.

Ein Kalenderdatum, die Vorstellung, mit dem 60. Lebensjahr fange das Alter an, hat zwar eine lange, über das Abendland hinaus verbreitete Tradition. Sie stammt aus der Antike, lebt in Europa im Mittelalter und in der Neuzeit fort und wird auch in außereuropäischen Kulturen vertreten. Die längste Zeit in der Geschichte hatte sie allerdings eine mehr symbolische Bedeutung.

Die wenigsten Menschen wussten nämlich, wie alt sie waren. Dieser für unsere Welt der Geburtsurkunden und Personalausweise überraschende Umstand gründet nicht im Fehlen von Geburts- und Sterberegistern. Vielmehr war das Wissen um das eigene Alter in der damaligen Lebens- und Arbeitswelt unerheblich. Allenfalls gab es für gewisse Führungsämter eine Alters*unter*-, keine Alters*ober*grenze. Im Wesentlichen erst mit der industriellen Arbeitswelt, und hier vor allem wegen der Renten- und Pensionssysteme des 20. Jahrhunderts, erlangen kalendarische Altersgrenzen ein praktisches, mittlerweile die gesamte Lebenswelt beherrschendes Gewicht. (Allerdings begann die Altersrente ursprünglich erst mit 70 und als Ersatz für nachlassende Arbeitskraft und als Spezialform der Invalidität.) Nur in gewissen Bereichen darf man weit über das Rentenalter hinaus tätig sein: in der Politik, als selbständiger Unternehmer, als Dirigent, als Intellektueller und als Autor.

Diese Personengruppen zeigen exemplarisch, was für viele andere Menschen nicht minder zutrifft: Körper, Geist und Seele gehen nicht in Rente, schon gar nicht von einem Tag auf den anderen. Außerdem nehmen die individuellen Unterschiede hinsichtlich Gesundheit und Leistungsfähigkeit mit dem Alter zu: Die Abweichung der Gleichaltrigen von einem Mittelwert fällt im Alter weit größer als in frühen Phasen aus.

Die höhere Lebenserwartung allein rechtfertigt noch nicht die Diagnose «Gewonnene Jahre». Entscheidend ist, was im Ausdruck der Gesundheitsspanne anklingt, dass die Menschen sowohl körperlich als auch geistig, zusätzlich emotional und sozial länger frisch bleiben. Um noch einmal Philosophen als Beispiel zu nehmen: Zum Jahreswechsel 2016/2017 hat mit Herrmann Lübbe der Reigen deutscher Philosophen begonnen, die in geistiger Frische 90 Jahre alt sind. Auf Lübbe folgten Dieter Henrich, Robert Spaemann und Klaus Heinrich. Hermann Krings starb im Alter von 90, Karl-Otto Apel von 95; Bertrand Russell erreichte sogar das Alter von knapp 98, Hans-Georg Gadamer das von 102 Jahren. Fragt man heute Betroffene, so fühlen sich die Menschen «im besten Alter», 10 bis 15 Jahre jünger als sie tatsächlich sind. Von sorgloser Leichtfertigkeit zeugt es jedenfalls, wenn man jeden 60-Jährigen «alt» nennt.

Wahr ist etwas anderes: dass wenige Kinder nachwachsen. Nicht bei der angeblichen Überalterung liegt das Hauptproblem, sondern bei einem Mangel an Jugendlichen, also bei einer «Unterjüngung». Schon heute leben in Europa mehr Menschen, die über 60, als Menschen, die unter 15 Jahre alt sind.

Dass sich die demographische Situation grundlegend verändert hat, bleibt unstrittig. Aus ihr folgt aber keine «alternde Gesellschaft», sondern eher eine strukturelle Verjüngung. Dem britischen Altersforscher Tom Kirkwood ist beizupflichten, wenn er fragt, warum man in Krankenblättern dem Alter eine so überragende Bedeutung beimesse: Warum lässt man, was zumindest bei häuslicher Pflege und in Seniorenheimen schon heute in aller Selbstverständlichkeit geschieht, die Altersangabe nicht einfach weg und orientiert sich nur am biologischen Zustand? (Kirkwood 2001) Noch klüger wäre es, sich zusätzlich am geistigen (kognitiven), sozialen und emotionalen (psychosozialen) Zustand auszurichten.

Die Kinowelt scheint, allerdings nur ausnahmsweise, in dieser Hinsicht weiter, realistischer zu sein, denn sie lässt Monica Belucci, eine Frau über 50, im Film *Spectre* das sogenannte Bond-Girl spielen. Auch gibt sie anderen über Fünfzigjährigen wie Juliette Binoche und Julianne Moore, sogar der Mitsechzigerin Meryl Streep Rollen aktiver und attraktiver Personen. Denn deren Gesichter erscheinen im Vergleich zu jüngeren Schönheiten weniger flach, weil an Lebenserfahrung reifer. Und im Fernsehen trägt eine beliebte Krimiserie den Titel «Die Rentnercops».

Man braucht dabei nicht zu befürchten, was in Robert Pogue Harrisons Buch *Juvenescence* (2014) und dem Film *Ewige Jugend* (2015; Original: *Youth*) anklingt, das Alter werde zugunsten einer ewigen Jugend abgeschafft. Die mit dem Bild eines gelungenen Alterns verbundene Reife findet kalendarisch gesehen lediglich etliche Jahre später statt. In Begriffen der Buchhaltung steht dem kollektiven Soll, der demographischen Alterung, ein Haben, die Verjüngung des Alters, gegenüber, die die Ausdrücke «alternde Gesellschaft» und «Überalterung» unterschlagen. Sie suggerieren nämlich Langsamkeit statt Lebendigkeit, Besitzstandswahrung statt risikobereiter Innovationsfreude und Vergangenheitsverhaftung statt Zukunftsorientierung.

In einer kollektiven Extrapolation der persönlichen Altersscheu wird gleichsam die Angst vor einem traurigen Alter vergesellschaftet. Wahr ist, dass man körperlich weniger kräftig ist und weniger reaktionsschnell handelt. In der Regel verfügt man aber über ein Mehr an Erfahrung, an sozialen Fertigkeiten und an Alltagskompetenz. Infolgedessen ist das früher vorherrschende Altersbild, das Defizitbild von Einbußen und Beeinträchtigung, durch ein Kompetenzbild von Erfahrung und bleibender Frische abzulösen. Folglich müssen Gesellschaften mit einer älteren Bevölkerung nicht betulicher werden, ihre Volkswirtschaften sind nicht zum Nullwachstum verdammt.

Die Demographie-Forscherin Fanny Kluge erwartet von der älter gewordenen Bevölkerung sogar, sie werde produktiver, ökologischer, reicher und gesünder sein: produktiver, weil der Anteil eines höheren Bildungsabschlusses bei den Älteren steigt, ökologischer, weil ältere Menschen weniger konsumieren und weniger reisen als jüngere, reicher, weil das Vermögen sich auf weniger Kinder verteilt, und gesünder, weil sie weniger erkranken (Kluge u.a. 2014).

Selbst wer diese optimistische Diagnose nicht vollständig teilt, da zunehmend Fachkräfte fehlen, Unternehmensgründungen in jüngeren Jahren erfolgen und weil Rentner und Pensionäre mehr Zeit zum Reisen haben, wird man nicht bestreiten, dass, wer heute in Rente oder Pension geht, nicht mehr wie früher seinen Lebens*abend* verbringt, bei dem man auf einer Bank sitzend oder aus dem Fenster heraus die noch aktiv Lebenden nur beobachtet, an deren Aktivität aber nicht mehr teilnimmt.

Nach der «Generali Altersstudie 2017» sind die 65- bis 85-jährigen deutschen Rentner mit ihrer Lebenssituation so zufrieden wie nie zuvor: Eine deutliche Mehrheit hält sich für finanziell gut versorgt und beurteilt ihren Gesundheitszustand als uneingeschränkt positiv. Die beeindruckende Folge: Früher bestand Seniorenpolitik in Pflegepolitik. Heute wird dieser vornehmlich fürsorgerische Blick der Vielfalt des Alters nicht annähernd gerecht. Vielmehr drängt sich eine radikale Neueinschätzung auf: Die Gruppe der 65- bis 75-Jährigen fällt noch in die biographische Blütezeit, was die Rede von einer alternden Gesellschaft als sachfremd entlarvt.

Altersfreundliche Diskurse

In seiner wirkungsmächtigen *Abhandlung über die Methode* (*Discours de la méthode*, 1637, Teil V) erwartet der Philosoph René Descartes, dass wir in Zukunft nicht bloß «unendlich viele Krankheiten sowohl des Körpers als auch der Seele loswerden», sondern auch dank einer naturwissenschaftsgestützten Medizin uns «vielleicht sogar der Altersschwäche» entledigen.

Die beste Medizin kann jedoch, selbst wenn sie sich um das Anti-Aging-Programm der Kosmetik- und Wellness-Industrie erweitert, die typischen Alterserscheinungen schwerlich verhindern. Dagegen, dass die Haare schütter, vor allem grau werden, kann man sich zwar durch Färben, Haareeinpflanzen, notfalls eine Perücke wehren. Schwieriger ist es, mit anderen Alterserscheinungen zu Rande zu kommen, mit dem Nachlassen der körperlichen und der geistigen Beweglichkeit, mit schlaffer Haut, arthritischen Gelenken und damit, dass das Kurzzeitgedächtnis abnimmt, das Problem, die richtigen

Worte zu finden, dagegen zunimmt. «Früher», klagt die Amme in Tschaikowskis Oper *Eugen Onegin*, «kannte ich die alten Geschichten, aber jetzt ist die Erinnerung dahin» (Akt I, 2. Bild).

Hinzukommt, dass Freunde und Verwandte sterben. Besucht man, klagt eine Frau in Jane Gardams Roman *Last Friends* (2016, dt. *Letzte Freunde*), die Orte der Kindheit und Jugend, so haben diese sich häufig so grundlegend verändert, dass die frühere Heimat jetzt zur Fremde geworden ist, denn dort fühlt man sich weder zuhause noch willkommen.

Namentlich Popstars leben zwar gern nach der Devise «Live fast, love hard and die young» mit der Variante «Hope I die before I get old». In der Tat verglühen einige früh, andere bezahlen ihren exzessiven Lebenswandel mit einem wenig glücklichen Lebensende. Wieder andere erreichen aber ein hohes Alter und sind, wie Bob Dylan, mittlerweile Nobelpreisträger der Literatur, noch als Mittsiebziger hochaktiv. Der amerikanische Schriftsteller Mark Twain hat einmal das Alter boshaft als einen Kampf des Kopfes gegen die Materie bezeichnet, bei dem es der Materie egal sei, wenn man den Kampf verliere. Altersfreundliche Diskurse arbeiten dieser Gleichgültigkeit entgegen. Sie helfen dem Kopf, die «gewonnenen Jahre» zu genießen.

4. Gesellschaftspolitische Aufgaben

Das sozialethische Leitgebot

Nach dem Argumentationsmuster «Herausforderung und Antwort», in philosophischer Sprache: nach der Methode der bestimmten Negation («was genau ist falsch?»), drängen sich unter den genannten Bedingungen etliche gesellschaftspolitische Aufgaben wie von selbst auf.

Wegen des absoluten Eigenwertes jedes Menschen, seiner «Menschenwürde», und wegen des über alle Kultur- und Epochengrenzen hinweg verbreiteten Wunsches, bis ins hohe Alter möglichst selbständig zu leben, besteht das sozialethische Leitgebot in der Forderung, die unantastbare Würde auch der älteren Menschen zu achten.

Der mit der gestiegenen Lebenserwartung einhergehende Gewinn an aktiver Lebenszeit enthält ein heute noch nicht annähernd ausgeschöpftes Potential. Entgegen einer verbreiteten Legende sind nicht bloß die erwähnten Genies, sondern auch gewöhnliche Menschen bis ins hohe Alter lernfähig. Beispielsweise lernen sie den Umgang mit den modernen Informationstechniken und nutzen die digitalen Sozialnetze sowohl als Tor zur Welt als auch als Forum für den gesellschaftlichen Austausch.

Um dies zu erleichtern, liegen zwei Empfehlungen auf der Hand. Zum einen sind bedienungsfreundliche Informations- und Haushaltsgeräte zu entwickeln, die im Fall intelligenter Informationsgeräte erlauben, länger und gegebenenfalls allein zuhause zu leben. Auf der anderen Seite müssen die künftigen Nutzer den Umgang mit ihnen möglichst früh lernen, nämlich bevor sich die körperlichen und geistigen Einschränkungen häufen.

Um den Gewinn der gewonnenen Jahre zu realisieren, sind drei Lebensbereiche, die Berufs- und Arbeitswelt, die Welt der Bildung und die Welt der Lebensräume, gegen die zu erwartenden Widerstände umzugestalten. (Zur vieldimensionalen Aufgabe, das Altern zu gestalten, siehe Häfner/Beyreuther/Schlicht 2010.)

Die Berufswelt ändern

Der erste Lebensbereich ist in seinen zahlreichen Formen gemeint: von der Erwerbsarbeit bis zur Familienarbeit und zur freiwilligen Arbeit in der Zivil- bzw. Bürgergesellschaft. Dabei sind selbstverständlich individuelle Bedürfnisse nach Ruhe, Muße und Erholung zu berücksichtigen. Und statt die Rentenphase zu früh beginnen zu lassen, wäre es klüger, für ältere Menschen eine ermäßigte Arbeitszeit, für Lehrer und Hochschullehrer beispielsweise geringere Unterrichts- bzw. Lehrverpflichtungen einzuführen.

Jahrhundertelang galt die Arbeit als Gegensatz zur Freiheit, nach der biblischen Schöpfungsgeschichte sogar als Strafe für den Sündenfall. Obwohl die Arbeit ihren Charakter der Mühe nicht verloren hat, ist sie längst zum wichtigsten Medium der Freiheit aufgestiegen. Ein britischer Gentleman führte, nur wenig karikiert, ein Mußeleben: Er ging auf die Fuchsjagd, ließ sein Gut von einem Verwalter leiten, trieb etwas Politik und liebte das auf die eigene Schicht konzentrierte Gesellschaftsleben. Für den überragenden Teil der heutigen Menschheit zählen dagegen Beruf und Arbeit. Die Verantwortung für das eigene Auskommen, die materielle Selbstverantwortung, eröffnet jedem Chancen zur bald körperlichen, bald geistigen, vor allem auch emotionalen und sozialen Selbstfindung und Selbstverwirklichung: In der Berufs- und Arbeitswelt treten die Menschen über die Familie und Nachbarschaft hinaus in soziale Beziehungen, die von der Konkurrenz über die Kooperation bis hin zu Geselligkeit reichen. Auch deshalb erfährt, wer, ohne sie zu verabsolutieren, einer Berufstätigkeit «mit Leib und Seele» nachgeht, ein hohes Maß an Lebenslust, sogar Glück.

Nicht nur das Einkommen und die gesellschaftliche Achtung, sondern auch die Entfaltung von Begabungen hängen heute weitgehend von der Art und dem Rang der Arbeit ab. In Anlehnung an den Abschnitt «Herrschaft und Knechtschaft» aus Hegels *Phänomenologie des Geistes* verbindet sich die Aneignung, auch Unterwerfung der Natur mit einer Selbstschöpfung, deretwegen Marx in den *Ökonomisch-philosophischen Manuskripten* zu Recht von einer Selbsterzeugung des Menschen spricht (MEW 40, 174). Kurz: Die Arbeit hat für den Menschen längst eine im positiven Sinn existentielle Bedeutung.

Um die entsprechenden Chancen der Bürger zu erhöhen, sorgt ein weitsichtiges Gemeinwesen für Arbeitsplätze statt für Frühverrentung. Und statt sich auf ein starres Rentenalter zu fixieren, erlaubt es älteren Menschen, wenn sie denn können und wollen, sich noch möglichst lange in die Arbeitswelt einzugliedern, was durch ein flexibles System von Teilzeitarbeit erleichtert wird.

Klugerweise haben die Menschen längst begonnen, den Übergang zwischen dem Erwerbsleben und dem Ruhestand bzw. Rentnerdasein fließend zu gestalten. Jeder zweite Deutsche zwischen 55 und 70 Jahren übt eine Erwerbstätigkeit aus, der ein Viertel der Rentner und Pensionäre noch bis zum Alter von 70 Jahren nachgeht, und dies nicht einmal aus primär finanziellen Gründen.

Die erst im 20. Jahrhundert entstandene strenge Trennung zwischen Erwerbs- und Rentenphase ist jedenfalls zu verflüssigen, um die drei Dimensionen Lernen, Arbeit und Muße innerhalb aller Phasen des Erwachsenseins in ein lebenswertes Gleichgewicht zu bringen. Die ausschließliche Zuordnung von Lernen, Ausbildung und Studium zur Jugend, von Arbeit zum Erwachsenen und von Muße zum Alter ist weder für die Individuen noch für die Gesellschaft förderlich.

Für aktive Bürger, einschließlich der rüstigen Rentner und Pensionäre, gibt es außer der Erwerbsarbeit das reiche Feld ehrenamtlicher Tätigkeit: Man kann Flüchtlingen Deutsch beibringen und deren Kindern bei den Schulaufgaben helfen; man kann Grundschülern und Heimbewohnern vorlesen oder Kinder als Leih-Oma – warum nicht auch als Leih-Opa? – betreuen. Und schon des längeren bringt sich mehr als ein Drittel der Rentner in Vereinen, Gemeinden und Kirchen ein. Schließlich darf man eine Hilfe nicht unterschlagen, die zwar nicht ehrenamtlich, trotzdem nicht minder ehrenwert erfolgt: die Hilfe von Großeltern gegenüber ihren Kindern und Enkeln, nicht selten zusätzlich zu den eigenen hochbetagten Eltern.

Neuerdings gibt es die intellektuelle Mode, beim Ableben älterer Menschen ein Gefühl des Triumphes zu empfinden. Eine französische Journalistin, Hélène Bekmezian, nennt sich in ihrem Twitter-Profil *Géronthophage,* Greisenfresserin, und twittert am 24. Juni 2016: «Mit dem Wahlrecht ist es wie mit dem Führerschein. Ehrlich gesagt, von einem gewissen Alter an sollte man es ihnen [den Alten] entziehen» (hier nach Jäger 2016).

Unter dem Eindruck der zuvor erfolgten britischen Abstimmung gegen den Verbleib in der Europäischen Union, des Brexits, schreibt auf «bento», dem Online-Angebot des SPIEGEL für die 18- bis 30-Jährigen, Christina Kufer: «Liebe Generation Rollator, macht mir mein Europa nicht kaputt.» Könnte die Luc Ferry zugesprochene Befürchtung berechtigt sein, dass nach den Phasen des Rassismus und Sexismus jetzt eine sich bis zum Hass steigernde Verachtung des Alters, ein «âgisme», folgt?

Für eine derartige Verachtung, wenn sie denn zutrifft, gibt es zwei Gründe. In ökonomischer Hinsicht befürchtet man, alte Menschen fielen ihren Angehörigen zur Last. Folglich würden in unseren Demokratien mit ihrem hohen Anteil älterer Menschen, in unseren «Rentnerdemokratien», die Älteren die Jüngeren ausplündern. Tatsächlich geben sie in der Regel viele Jahre lang mehr Unterstützung, als sie empfangen: Die materiellen Zuwendungen an die Enkel haben sich in den letzten zwei Jahrzehnten stark erhöht. Obwohl die Großeltern in höherem Maß als früher noch erwerbstätig sind, hat deren Betreuung von Enkeln zugenommen.

Schließlich tragen Großeltern teils durch finanzielle, teils durch praktische Hilfe im Haushalt oder bei der Betreuung der Enkelkinder maßgeblich dazu bei, den jungen Erwachsenen die Schwierigkeiten des Berufseinstiegs und der Familiengründung zu erleichtern. Und weil sich die Älteren in beträchtlichem Maße ehrenamtlich engagieren, sind die gewonnenen Jahre für beide Seiten, für die Älteren und für die Gesellschaft, ein Gewinn.

Gelegentlich taucht der erneut ökonomische Einwand auf, die Alten nähmen den Jungen die Arbeitsplätze weg. In Wahrheit ist in Ländern mit einem hohen Anteil von Frühverrentung wie beispielsweise Frankreich und Italien die Jugendarbeitslosigkeit nicht etwa besonders niedrig, sondern auffallend hoch.

Der andere Grund für die genannte Verachtung der Älteren ist politischer Natur: Namentlich beim Votum für den Ausstieg Großbritanniens aus der europäischen Union, dem Brexit, warf man den Älteren vor, sie würden der Jugend ihre Zukunft verbauen. Sie stimmten nämlich über etwas ab, das sie gar nicht, zumindest weit weniger als die Jugend betrifft, obwohl diese die massiven negativen Folgen zu ertragen hätten. Dieser politische Einwand lässt sich nicht so leicht wie der ökonomische entkräften. Denn während die Älteren vielleicht noch zwei Jahrzehnte leben, erwartet die Jugend das Dreifache an Lebenszeit. Allerdings könnte hier auch ein Gegenargument greifen: dass die Jugend sich leichter auf die veränderten Lebensverhältnisse einstellen, sie sogar kreativ verarbeiten kann, was älteren Menschen trotz bleibender Lernfähigkeit fraglos schwerer fällt.

Eine neue Bildungswelt

Ohne Bildung, den zweiten Lebensbereich, sind der Produktivität von Arbeit enge Grenzen gesetzt. Als allgemeine Bildung und als spezialisierte Aus- und Weiterbildung entscheidet sie mit darüber, welche der vielfältigen Möglichkeiten die Menschen verwirklichen können. Bildung bezieht ein und grenzt aus. Sowohl für die Individuen als auch für die Gesellschaft ist sie eine wichtige Investition in die Zukunft. Daher ist angesichts längerer Lebenszeit und einer veränderten Demographie sowie der immer wieder neuen Anforderungen der Berufswelt die Weiterbildung nicht, wie es gelegentlich heißt, auf ein zweites Bildungssystem festzulegen, das die Menschen nach einer bestimmten Phase von Erwerbstätigkeit wieder besuchen sollen. Vielmehr ist es auch vom Bildungswesen her sinnvoller, die genannten drei Aufgabenfelder nicht jeweils *einer* Lebensphase exklusiv zuzuordnen: das Lernen nur der Jugend, die Muße bloß dem Alter und das Arbeiten allein der Zeit dazwischen. In einer das Alter integrierenden Gesellschaft wird vielmehr das mittlere Lebensalter verstärkt für Bildungs- und Familientätigkeit und das anschließende Lebensalter für Erwerbsarbeit und Ehrenamt geöffnet. (Vgl. auch Staudinger/Heidemeier 2009.)

Altersfreundliche Lebensräume

Schließlich, dritter Lebensbereich, darf man die Älteren nicht zu rasch in abgetrennte *Lebensräume* wegschieben, in Reservate für «Stadtindianer vom Stamm der Senioren», wo sich die Betroffenen wie in einer Senioren-abschiebehaft fühlen. In sozialer Hinsicht handelt es sich meist um bloße Abstellkammern, in denen auch dann ein gesellschaftlicher Vortod droht, wenn Bürger wohl-habender Gesellschaften dort geräumig und gut möbliert wohnen. Das Schlimmste beim Altern ist nämlich nicht, dass man selbst vergesslich wird, sondern dass man von den anderen vergessen wird. Dann fühlt man sich allzu leicht an das Motto erinnert, das in Dantes *Göttlicher Komödie* den Eingang des Inferno, der Hölle, markiert: «Lasst, die ihr hier eingeht, alle Hoffnung fahren» (III. Ge-sang, Vers 9).

Bevor man pflegebedürftig ist, denkt man freilich an anderes. Gewisse Küstenstücke von Mallorca, Griechen-land und der Türkei ziehen so viele sonnensüchtige Rent-ner und Pensionäre an, dass man da und dort spöttisch von einer Costa Geriatrica sprechen kann. In Florida gibt es laut einem Zeitungsbericht aus dem Jahr 2016 sogar eine «Community» von 115 000 Rentnern, die bewusst unter sich bleiben wollen. Dass das, was sie dort auf-suchen, die Sonne und die geringen Steuern Floridas, zur Kunst des Alterns ausreichen soll, darf man aber bezwei-feln.

Wie weit generationsübergreifende Wohnverhältnisse ein gutes Gegenmodell abgeben, muss die Erfahrung leh-ren. Architekten und Städteplaner haben glücklicher-weise schon damit begonnen, Neubauten, Wohnquar-tiere und Verkehrsnetze «generationengerecht» zu ent-werfen, damit sowohl Kinder und Jugendliche als auch Ältere ihren Bedürfnissen und Interessen gemäß leben können wie die «üblichen Erwachsenen».

Die Erfahrung lehrt: Selbst wenn die in Europa zunehmend verbreiteten Seniorenheime und Wohnstifte nicht mehr an Turnhallen alter Schulen oder an die großen Schlafräume ärmlicher Internate mit ihrer traurigen Atmosphäre eines sinkenden Schiffs erinnern, selbst wenn sie aus Einzelwohnungen bestehen und mit Trimmdichräumen und Schwimmbecken ausgestattet, überdies feinfühliger als mancherorts geführt werden, können sie den facettenreichen Spielraum der vorherigen Lebensverhältnisse schwerlich erreichen. Deshalb wollen die Menschen auch im hohen Alter lieber in vertrauter Umgebung, also zuhause bleiben. (Für ein differenziertes Bild der Altenpflege und Heimbetreuung s. Vollbracht 2015.)

Wird trotzdem ein Heimaufenthalt notwendig, sollte er viele Angebote zu Aktivität, Kreativität und Sozialkontakten bieten. Tatsächlich herrscht, weil man die notwendigen Kosten scheut, selbst in einem so wohlhabenden Land wie der Schweiz mancherorts ein «Elend in den Altersheimen» (vgl. Burri/Mijuk 2017). Sie bekommen zu wenig Essen; Demenzkranke werden mitten in der Nacht geduscht, denn weil sie vergesslich sind, können sie es ihren Angehörigen nicht erzählen. Nicht zuletzt werden, um Personal einzusparen, Zehntausende ruhiggestellt.

5. Vorbilder für eine Alterskunst

Weil Griechen und Römer ein erstaunlich hohes Alter erreichen, weil nach dem Alten Testament dessen Protagonist Abraham erst mit 80 Jahren stirbt, auch die anderen Erzväter alt werden, der Urvater Methusalem sogar das mythische Alter von 969 Jahren erreicht haben soll, weil die Weisen von Indien wie Buddha (80 Jahre) und China wie Konfuzius (72) und Menzius (82) ebenfalls sehr alt werden, hat man sich schon damals überlegt, wie man in Klugheit und in Ehren alt wird. Altersfreundliche Diskurse gibt es also nicht erst seit kurzem.

Cicero: Eine frühe Altersstudie

Eine der bedeutendsten Schriften, wegen ihrer Breite und Gründlichkeit eine richtige Altersstudie, stammt aus der Feder des Staatsmanns, Redners und Philosophen Marcus Tullius Cicero. Zu seinen Vorbildern gehören die (verlorene) Schrift *Peri gêrôs* (*Über das Alter*) des Philosophen Ariston von Keos (3. Jh. v. Chr.) und das Gespräch über das Alter, das in Platons *Politeia* der rechtschaffene, betagte Kephalos mit Sokrates führt.

Nach Ciceros Schrift *Cato maior de senectute* (*Cato der Ältere über das Alter*) kann sich der ältere Mensch – der Staatsmann wird 85 Jahre alt – noch durch alle drei Vorzüge eines reifen Mannes auszeichnen: durch *dignitas*, *gravitas* und *auctoritas*, also durch Würde, gewichtigen Ernst und respekteinflößendes Ansehen. Die als Senilität bezeichneten Eigenschaften sollen dagegen auf Disziplinlosigkeit zurückgehen, gelten insofern als altersindifferent.

Trotz dieser wohl idealisierenden Einschätzung schiebt Cicero die Zweipoligkeit wirklichkeitsnaher Altersbilder nicht beiseite. Die negativen Seiten des Alters nimmt er als Herausforderungen des Alters wahr, die eine kluge Alterskunst zu bewältigen vermag. Wenn nicht äußere Faktoren in die Quere kommen – Cicero wird kurz nach Abfassung seiner Schrift ermordet –, dann lassen sich zusätzliche Jahre eines wahrhaft erfüllten Lebens gewinnen, was dem genannten Leitgedanken der neueren Altersforschung, «gewonnene Jahre», vorgreift (s. Kap. 3).

Cicero nennt vier Vorwürfe an das Alter, vier Anklagepunkte, die er allesamt entweder entkräftet oder in produktive Herausforderungen umwandelt: (1) Aus den bisherigen Ämtern verdrängt, werde man zur Untätigkeit gezwungen; (2) die körperlichen Kräfte ließen nach; (3) mancherlei Freuden gingen verloren; schließlich (4) komme der Tod näher.

Die erste Anklage, den Zwang zur Untätigkeit, entkräftet er mit der Empfehlung, sich für das Gemeinwohl (*bonum commune*) zu engagieren, nach heutigen Begriffen für Ehrenamt und Bürgergesellschaft. Denn nicht durch körperliche Kraft vollbringe man große Dinge, sondern mittels Fähigkeiten, die im Alter erhalten bleiben, zu denen etwa Erfahrung noch hinzukomme.

Dass die körperlichen Kräfte nachlassen und die geistigen Kräfte nicht so frisch bleiben, räumt Cicero durchaus ein, setzt sich aber als Gegenmittel für ein lebenslanges, altersspezifisches Lernen ein. In der Jugend erwerbe man ein möglichst großes geistiges Kapital, mit dem man im Alter ökonomisch umgehe, indem man Unwichtiges beiseitelege und Planungen nicht nur für den Augenblick vornehme.

Die heutige Hirnforschung beansprucht gern neuartige Erkenntnisse, hier darf sie Bescheidenheit lernen. Denn schon vor mehr als zweitausend Jahren betont Cicero etwas, das die Hirnforschung zwar ebenfalls feststellt, jedoch nicht entdeckt, sondern nur bekräftigt: Der Mensch bleibt bis ins hohe Alter lernfähig. Für andere Bereiche der Lebenswissenschaften könnte es ähnlich aussehen: dass die heutigen Forscher nicht grundlegende Neuigkeiten entdecken, sondern etwas, das schon eine mit Lebensklugheit gewürzte Lebenserfahrung lehrt, im Wesentlichen lediglich bestätigen, freilich häufig auch präzisieren.

Laut Cicero neigen Ältere allerdings zur Geschwätzigkeit, wogegen sich zwei der «Entschließungen für mein Alter» des irischen Schriftstellers Jonathan Swift (1965, 115) aufdrängen: «Nicht immer die gleiche Geschichte den gleichen Leuten erzählen.» Und: «Nicht freigebig mit gutem Rat sein, … es sein denn man wünsche ihn.»

Man kann diese Hauptaufgaben klugen Alterns in ein dreifaches *L* zusammenfassen, in: *L*aufen, *L*ernen und *L*ieben, das man am besten um ein viertes *L*, das *L*achen, erweitert. Alle vier im nächsten Kapitel näher zu behandelnden Aufgaben werden schon von Cicero als überragend wichtig herausgestellt: körperliche Bewegung, geistige Tätigkeit und Sozialkontakte sowie unbeschwerte Lebensfreude. Weiterhin betont er den Wunsch der Älteren nach einem selbstbestimmten, von Eigenverantwortung geprägten Leben. Seine Erwartung, solange man erfüllenden Beschäftigungen nachgehe, spüre man sein Älterwerden nicht, ist aber wohl zu optimistisch.

Die Krönung des Alters sieht Cicero in jener *auctoritas*, dem respekteinflößenden Ansehen, «das man sich nicht plötzlich durch graue Haare und durch Runzeln verschafft». Da ein bislang in Ehren geführtes Leben gegen Ende die Früchte des Ansehens erntet, entgeht man der Gefahr, die Nietzsche unter dem Titel «Von eitlen alten Männern» beobachtet. Zunächst setzt er dort die zwei Lebensphasen gegeneinander ab: «Der Tiefsinn gehört der Jugend, der Klarsinn dem Alter zu». Dann fährt er fort: «Wenn trotzdem alte Männer in der Art der Tiefsinnigen reden und schreiben, so tun sie es aus Eitelkeit, in dem Glauben, dass sie damit den Reiz des Jugendlichen, Schwärmerischen, Werdenden, Ahnungs- und Hoffnungsvollen annehmen.» (*Menschliches, Allzumenschliches*, Bd. II, Nr. 289)

In seinem letzten Abschnitt wendet sich Cicero dem vierten, beunruhigendsten Problem, der Nähe des Todes, zu. Hier lässt er sich auf die beiden damals dominanten Vorstellungen ein: dass der Geist ausgelöscht werde oder aber an einem anderen Ort ewig weiterlebe. Unter beiden Annahmen sei der Tod nicht zu fürchten, denn entweder sei man nach dem Tod nicht unglücklich oder man lebe sogar glückselig. Im Übrigen empfiehlt Cicero, etwas Bleibendes zu schaffen, mit dem man über seine eigene Lebenszeit hinaus weiterlebe.

Wir übergehen die Spätantike und das christliche Mittelalter, auch die Zeitenwende um das Jahr 1500, weiterhin die frühe und die klassische Neuzeit, wir lassen also die reiche Literatur vieler Jahrhunderte außer Acht, beispielsweise Francis Bacons Essay «Über Jugend und Alter» («Of Youth and Age») und die einschlägigen Passagen aus dem durch Schopenhauers Übersetzung berühmt gewordenen *Handorakel und Kunst der Weltklugheit* des Spaniers Balthasar Gracián. Nur eine berühmte Passage aus Shakespeares Komödie *Wie es euch gefällt* (*As You Like It*) sei erwähnt, ein kurzes Stück aus der 7. Szene des zweiten Aktes (Vers 139 ff.). Dort erklärt Jaques zunächst: «Die ganze Welt ist eine Bühne» und führt dann für sie sieben Altersstufen aus (hier gekürzt): «Erst Kind, das weint und spuckt im Arm der Pflegerin, / Dann Schuljunge … Sechstes Alter: / Der Pantalon, hager, in Schlappen, auf der / Nase die Brille, Beutel ihm zur Seit', / Die Hose ist noch gut, doch viel zu weit / Für die verschrumpften Lenden. Und die Stimme / Die tief und männlich war, wendet sich wieder / Zum kindischen Diskant und pfeift und quiekt / Bei jedem Wort. Die letzte Szene endlich, / Die diese seltsame Geschichte abschließt, / Ist zweite Kindheit und dann nur Vergessen, / Ohn' Augen, Zähne, Zunge, ohne alles.»

Eine Fundgrube für Lebensweisheit bieten Johann Wolfgang Goethes *Maximen und Reflexionen*. Einer Lebensstufe, die damals vor allem als Degeneration und Verfall erschien, dem Alter, geben sie, ohne Verlusterfahrungen zu leugnen, eine hohe Wertschätzung, «denn am Ende des Lebens gehen dem gefassten Geiste Gedanken auf, bisher undenkbare; sie sind wie selige Dämonen, die sich auf den Gipfeln der Vergangenheit glänzend niederlassen» (Nr. 258). In den Worten Georg Wilhelm Friedrich Hegels macht das Alter im Gegensatz zur unzufriedenen Jugend milder, dies aber nicht aus Schwäche, sondern dank Einsicht. Die im Alter sich herausbildende «Reife des Urteils» lasse sich nämlich auch das Schlechte gefallen, jedoch nicht wegen eines Defizits, etwa Interesselosigkeit. Vielmehr sei man, «durch den Ernst des Lebens tiefer belehrt, auf das substantielle, Gediegene», die wirkliche Welt, wie sie ist, wie sie sein soll, geführt worden. (*Vorlesungen über die Philosophie der Geschichte*, 53)

Goethe, dessen Alterswerk eine noch unermüdliche Produktivität beweist, räumt allerdings seitens der Mitwelt eine gewisse Entmündigung ein: «Man schont die Alten, wie man die Kinder schont» (Nr. 370). Trotzdem verliert er nicht seinen Humor, wie die «Das Alter» betitelten Verse zeigen: «Das Alter ist ein höflich' Mann: / Einmal übers andre klopft er an, / Aber nun sagt niemand: Herein! / Und vor der Türe will er nicht sein. / Da klingt er auf, tritt ein so schnell, / Und nun heißt's, er sei ein grober Gesell.»

Arthur Schopenhauer: Heiterkeit – in Grau

Länger verweilen wir bei einem der sprachmächtigsten deutschen Philosophen, Arthur Schopenhauer. Am Ende seiner «Aphorismen zur Lebensweisheit» wirft er einen «Blick auf die Veränderungen, welche die Lebensalter an uns hervorbringen», und nimmt unter dem Titel «Vom Unterschiede der Lebensalter» weder Alterslob noch Altersschelte, sondern eine nüchterne, abwägende Diagnose vor. In deren Verlauf teilt er das Leben zunächst wie den Jahresverlauf in vier Phasen ein, in die Kindheit als Frühling, in das jugendliche Alter als Sommer, in den gereiften Mann als Herbstzeit, schließlich in das Alter, das mit dem «Schwinden aller Kräfte» dem Winter entspricht.

Gegen Ende findet sich noch eine Siebenergliederung, die entlang den Planeten vollen Jahrzehnten folgt. Zunächst, im zehnten Lebensjahr, wo man viel und leicht lerne, regiere Merkur. Im nächsten Jahrzehnt, von der Liebe in Besitz genommen, herrsche Venus, zehn Jahre später der kühne und kriegerische Mars. Weitere zehn Jahre frönt man unter der Herrschaft der Planetoiden Ceres, Vesta, Pallas und Juno dem Nützlichen, denn man eignet sich Wissen an und schafft seinen eigenen Haushalt. Im fünfzigsten Jahr regiert Jupiter, da man dank seiner Kraft und Erfahrung nicht mehr gehorchen, sondern selber befehlen wolle. Zehn Jahre später herrscht der bleierne, weil langsame und zähe Saturn, auf den schließlich Uranus folge, weil man «sich in den Himmel» verabschiede.

Mit dieser Gliederung will Schopenhauer nicht behaupten, die natürliche Lebensspanne umfasse nur 70 Jahre. Im Gegenteil schließt er sich der Ansicht einer altindischen philosophisch-religiösen Lebensweisheit, eines Upanischad, an, demzufolge die natürliche Lebensdauer sich auf 100 Jahre belaufe, denn wer das 90. Jahr überlebe, sterbe ohne alle Krankheit, genauer gesagt: er sterbe nicht, sondern höre nur auf zu leben.

Schopenhauers Blick auf das Alter geht nicht vom Gegensatz zum direkt vorangehenden Lebensabschnitt, sondern von der weit zurückliegenden Kindheit aus. In ihr herrsche eine Glückseligkeit vor, deretwegen diese Zeit «wie ein verlorenes Paradies» erscheine, an das man sich später stets sehnsuchtsvoll erinnere. Infolgedessen kann man dessen Lebenswert, ein unüberbietbares Wohlsein, nie wieder, also auch in einem lebensweisen Alter nicht erreichen.

Die nach der Kindheit nächste Lebensphase erscheint geradezu als Gegenteil, als die unglückliche Antithese zur glücklichen These. Denn man jage nach dem Glück, das man im Leben anzutreffen glaube, werde freilich in dieser Hoffnung fortwährend getäuscht, woraus notwendig Unzufriedenheit erwachse. Von der Erkenntnis getragen, dass alles Glück trügerisch, das Leiden hingegen wirklich sei, folge auf diese Phase «unbefriedigter Sehnsucht nach Glück» die «Besorgnis vor Unglück», die die zweite Lebenshälfte beherrsche. Rein pessimistisch blickt Schopenhauer auf diese Zeit aber nicht, denn mittels Lebenserfahrung habe man eine geistige Überlegenheit gewonnen, deretwegen man seine Tage heiterer als vorher und beständiger verbringe.

Hinsichtlich der Lebenskraft finde im 36. Lebensjahr eine Umkehr statt, die sich heute wegen gestiegener Lebenserwartung um einiges verschieben dürfte: Während man zuvor bei «größter Energie und höchster Spannung der Geisteskräfte» lediglich von den Zinsen lebe, müsse man danach sein Kapital angreifen. Und während man in der Jugend mit vollem Bewusstsein lebe, so im Alter nur mit halbem, denn: «die Dinge eilen vorüber, ohne Eindruck zu machen».

Glücklicherweise sieht Schopenhauer, ähnlich wie Cicero und Hegel, eine «geistige Kompensation». Dank der Gelegenheit, «die Dinge von allen Seiten zu betrachten und zu bedenken», sind erst jetzt Erfahrung und Gelehrsamkeit reich geworden: «Alles hat sich abgeklärt … Nur *wer alt wird*, erhält eine vollständige und angemessene Vorstellung vom Leben», das er nicht nur «von der Eingangs-, sondern auch der Ausgangsseite übersieht». Die «ersten vierzig Jahre unseres Lebens», fährt er fort, «liefern den Text, die folgenden dreißig den Kommentar dazu, der uns den wahren Sinn und Zusammenhang des Textes, nebst der Moral und allen Feinarbeiten desselben, erst recht zu verstehen lehrt.»

In der Einsicht: «Im Alter versteht man besser, die Unglücksfälle zu verhüten, in der Jugend, sie zu ertragen» deutet Schopenhauer an, dass er das eudaimonologische Glück nicht lediglich in die Zeit der Kindheit verlegt. Denn nur das Alter lehre jene Bedingung des Glücks, die Geistesruhe, zusätzlich die Heiterkeit, die wir von antiken Philosophen wie Epikur und den Stoikern kennen.

Einer der beiden angeblichen Nachteile des Alters, die Krankheit, sei in Wahrheit altersindifferent. Und weil, wer sich einen reichen Geist erworben hat, im Alter trotz nachlassender Geisteskräfte immer noch genug habe, brauche den anderen eventuellen Nachteil, die Langeweile, nicht zu befürchten. Weil zudem die Freuden der Liebe nachließen, suche man «gern eine Aufheiterung beim Bacchus», also dem Wein. Die Liebe zum Studieren, zur Musik und zum Theater soll man aber weiter pflegen. Der heutige Zuspruch zu Seniorenuniversitäten oder deren Alternativen und der erhebliche Anteil der Älteren bei den Theater-, Konzert- und Opernbesuchern zeigt deutlich, dass man Schopenhauers Ratschlag seit längerem fleißig befolgt.

Erstaunlicherweise, erklärt der Philosoph, habe das Alter trotzdem einen «gewissen gräulichen Anstrich». Weil man die Nichtigkeit des Lebens erkannt habe, werde hier die Gemütsruhe zu einer Heiterkeit in Grau, bei der die üblichen Maßstäbe des Lebens, die Gegensätze von Groß und Klein, Vornehm und Gering, ihren Wert verlören. Und da die meisten Menschen im Verlauf ihres Lebens stumpf waren, werden sie im höheren Alter «mehr und mehr zu Automaten», die, von keinem äußeren Eindruck mehr beeinträchtigt, stets dasselbe denken, sagen und tun.

Schließlich sieht Schopenhauer im unvermeidbaren Nachlassen der Kräfte keinen bloßen Nachteil. Es sei zwar «sehr traurig, doch ist es nothwendig, ja wohlthätig; weil sonst der Tod zu schwer würde, dem es vorarbeitet». Folglich sei in sehr hohem Alter eine Euthanasie im wörtlichen Sinn eines «glücklichen Todes» möglich: «das überaus leichte, durch keine Krankheit eingeleitete, von keiner Zuckung begleitete und gar nicht gefühlte Sterben». Da alle Leidenschaft und alle Vitalität verbraucht seien, sterbe man, in biblischer Sprache, «des Lebens satt».

Bei unserem nächsten Autor, dem Schöpfer der germanischen Sprachwissenschaft, Jacob Grimm, herrscht nicht wie bei Schopenhauer die graue Farbe vor. In seiner im 75. Lebensjahr gehaltenen *Rede über das Alter* (1861) zeigt Jacob Grimm zunächst ohne jede Aufdringlichkeit seine hohe Gelehrsamkeit. Es versteht sich, dass er zahlreiche Dichter und Philosophen anführt, beispielsweise Ciceros Text kennt und um dessen griechische Vorlage weiß. Mit ähnlicher Selbstverständlichkeit wirft er einen Blick auf andere Kulturen und führt eine Fülle von Gliederungen des Menschenlebens bei verschiedenen Völkern vor, sowohl Zweier- als auch Dreier-, Vierer-, Siebener- und Zehnergliederungen. Er zitiert Berechnungen des Menschenalters, zum Beispiel: «Ein zaun währt drei jahre, ein hund erreicht drei zaunes alter, ein ros drei hundes alter, ein mann drei rosses alter», also 81 Jahre.

Grimm bleibt selbstredend erfahrungsoffen, erwähnt daher die vielen negativen Eigenschaften des Alters, nimmt danach aber die Vorzüge und Tugenden in den Blick. Im Märchen *Die Lebenszeit* (1840), das er mit seinem Bruder Wilhelm in die Sammlung der *Kinder- und Hausmärchen* aufnimmt, werden dem Menschen als Lebenszeit von Gott «siebenzig Jahre» bestimmt, hier nicht in sieben, sondern in vier Abschnitte untergliedert: «Die ersten dreißig sind seine menschlichen Jahre, die gehen schnell dahin; da ist er gesund, heiter, arbeitet mit Lust und freut sich seines Lebens. Hierauf folgen die achtzehn Jahre des Esels, da wird ihm eine Last nach der anderen auferlegt: er muss das Korn tragen, das andere nährt, und Schläge und Tritte sind Lohn seiner treuen Dienste. Dann kommen die zwölf Jahres des Hundes, da liegt er in den Ecken, knurrt und hat keine Zähne mehr zum Beißen. Und wenn diese Zeit vorüber ist, so machen die zehn Jahre des Affen den Beschluss. In den Jahren 60 bis 70», schließt das Märchen, «da ist der Mensch schwachsinnig und närrisch, treibt alberne Dinge und wird ein Spott der Kinder.»

Diesem bemitleidenswerten Lebensende tritt die *Rede über das Alter* wortgewandt und lebensklug entgegen. Grimm leugnet nicht körperliche Behinderungen wie die Taubheit und das nachlassende Augenlicht. Statt darüber zu klagen, hebt er aber die positiven Seiten hervor: etwa dass sich bei Blinden das Gefühl «nicht selten bis auf den grad» verfeinere, «dasz er mit allen fingerspitzen gleichsam sehe»; und «bei tauben leuten soll sich der geschmack und geruch höher als sonst ausbilden» (313). Als weitere, noch bedeutsamere Vorzüge nennt er «linde, milde, behagen, mut und arbeitslust» (318). Hinzu kommen eine «gewachsene und gefestigte freie gesinnung» (320) und eine «im vorausgegangenen leben noch nicht so dagewesene... ruhe und befriedigung». Wem es vergönnt sei, ein hohes Alter zu erreichen, «hat nicht nöthig zu jammern, wenn seine letzte lebensstufe annaht», vielmehr ist ihm gestattet, «mit stiller Wehmut hinter sich zu blicken und... gleichsam auf der bank vor seiner hausthür sitzend sein verbrachtes leben zu überschlagen» (310). In diesem Lob heiterer Gelassenheit überstrahlt also der Alterstrost alle Altersklage.

Das nächste Beispiel führt uns fast in die Gegenwart. Gegenüber Grimm bringt es eine neue Perspektive ein. Gemäß dem Titel eines wahrhaft großen Werkes *Das Prinzip Hoffnung* spricht der Philosoph Ernst Bloch nicht so sehr über das, was Ältere im Positiven oder Negativen auszeichnet, auch nicht, wie sie selber leben oder wie sie von anderen behandelt werden sollen. Sein erneut erfahrungsgesättigter Altersdiskurs ist jedoch weder empirisch noch normativ, bringt vielmehr wie vorher schon Schopenhauer und Grimm eine dritte Modalität zur Sprache, nach dem Sein und dem Sollen das Können, den Optativ. Bloch geht es nicht um Altersrollen, weder um tatsächlich gegebene noch um moralisch gesollte Rollen. Der zuständige Teil heißt «Kleine Tagträume», was der einschlägige Abschnitt in dem Titel präzisiert: «Was im Alter zu wünschen übrigbleibt» (Bd. I, 37–44).

Bloch räumt «verständige Ängste» ein: «Der Leib erholt sich nicht mehr so rasch wie früher, jede Mühe verdoppelt sich. Die Arbeit geht nicht mehr so flink von der Hand, wirtschaftliche Ungewissheit drückt schwerer als vorher.» Als Antwort plädiert er aber nicht für Askese, vielmehr, was schon bei Schopenhauer anklingt, für ein epikureisch-behagliches Leben, nämlich für «Rückblick und Ernte» und für «Wein und Beutel», also für Lebensgenuss und ein finanzielles Auskommen. (Ob Bloch mit der Bemerkung Recht hat: «Ein alter Trinker wirkt schöner als ein alter Liebhaber», sei dahingestellt.)

Zunächst erkennt unser Philosoph an, dass der Einschnitt des Alters ‹brutaler negativ› sei: «Der Jüngling ist

mit der üblichen Umwelt zerfallen und bekriegt sie; …
aber der Ältere, der Greis, wenn er an der Welt sich
ärgert, kämpft nicht wie der Jüngling gegen sie an,
sondern steht in Gefahr, verdrießlich gegen sie zu werden, maulend streitbar.» Deshalb herrsche im Alter «die
Resignation, kein bloßer Abschied von einem Lebensabschnitt» vor, «sondern der Abschied vom langen Leben selbst».

Danach folgt die Peripetie, die Wende von der Alters-
kritik zum Alterslob. Der Text wechselt vom Bedrücken-
den zur Chance, zum Alter als Wunschbild und Ernte.
Als hochgebildeter Autor kennt Bloch «natürlich» Grimms
Rede über das Alter; er zitiert den vielgelesenen Voltaire
und bestätigt, dass sein eigener Blick aufs Alter schon
früheren Epochen der Neuzeit und, wie Cicero gezeigt
hat, selbst der Antike vertraut ist. Zugleich relativiert
er die die moderne Sozialpolitik beherrschende Unterscheidung von Arm und Reich zugunsten von Gebildet
und Ungebildet: «Für Unwissende, sagte Voltaire, sei das
Alter wie der Winter, für Gelehrte sei es Weinlese und
Kelter.» Dabei legt Bloch auf etwas Wert, was keineswegs nur auf einen kleinen Kreis von Wissenschaftlern
und Philosophen zutrifft, nämlich auf geistige Investitionen, die man in der Jugend zu tätigen hat, damit sie sich
im Alter auszahlen – mit der Kehrseite: wer die Investitionen früher unterlässt, kann im Alter nicht von ihnen
zehren.

Daran schließt sich das «gesunde Wunschbild des
Alters» an, das der durchgeformten Reife: «dem das Geben bequemer ist als das Nehmen». Dazu gehöre, was
sich bei Simone de Beauvoir 1970 wiederfinden wird,

«die Erlaubnis, vom Leben erschöpft zu sein», der Wunsch nach Beschaulichkeit und Muße, die Liebe zur Stille, nicht zuletzt eine Weisheit, die Ciceros ökonomischen Umgang mit einem schwindenden Gedächtnis ergänzt, nämlich die Fähigkeit, «das Wichtige zu sehen, das Unwichtige zu vergessen».

Authentisch: Auch im Alter «Ich selbst sein»

Die Dinge, die man in seinem Leben für die wichtigsten hält, pflegen sich im Laufe einer Biographie zu verschieben. Diese Tatsache drängt die Frage auf, wann man denn am ehesten «ich selbst» ist und im höchsten dem Menschen möglichen Maß wahrhaftig: echt und glaubwürdig, früher sagte man «eigentlich», heute «authentisch» lebt.

Spontan wird man kaum an das Alter, sondern eher an die sogenannte Blütezeit denken, die angeblich «besten Jahre». Lässt man jedoch die Einsichten unserer vorakademischen Altersstudien Revue passieren, so tauchen erhebliche Bedenken auf. Ohne die Einbußen zu leugnen, heben Cicero und Goethe, Grimm, Schopenhauer und Bloch den im Alter bleibenden Lebenswert hervor. Sie entdecken sogar Vorteile: größere Erfahrung und eine heitere Gelassenheit, die unwichtige Dinge beiseiteschiebt, sich auf Wesentliches konzentriert und vor allem die Ernte seines Lebens einfährt. Im Idealfall entwickelt man sich wie ein guter Wein: Mit zunehmendem Alter gewinnt man Charakter und strahlt Lebenserfahrung aus.

Selbst wer dieses Ideal für wirklichkeitsfremd hält, muss einräumen, dass zur Biographie eines Menschen die

Entwicklung und zu ihr die Veränderung gehört, weshalb man von innen, vom jeweiligen Entwicklungsabschnitt betrachtet, keiner Lebensphase ein maximales Potential an Ich-selbst-sein zusprechen darf.

Die Besonderheit des Menschen, seine Eigentümlichkeit, das Proprium, liegt in einer Lernfähigkeit, die zugleich ein Lernbedürfnis ist. Beides trifft schon auf die Kindheit zu, könnte dort sogar am höchsten sein, so dass der Abstieg, wenn dieser Gesichtspunkt überhaupt sinnvoll ist, schon früh, fraglos vor der sogenannten Blüte des Lebens einsetzt.

Da beide, Lernfähigkeit und Lernbedürfnis, bis ins hohe Alter erhalten bleiben, kann man schwerlich der Phase weit entwickelter Aktualität ein höheres Maß an Ich-selbst-sein, an Authentizität, zusprechen als den unvermeidbaren Entwicklungs- und Übergangsphasen:

Ein Säugling muss sich zunächst mit der Phase des Fremdelns, später der Trotzphase von der anfänglichen Symbiose mit einer einzigen Person, meist der Mutter, lösen. In der Pubertät hat sich das Kind, oft für alle Seiten schmerzlich, zum Erwachsenen zu entwickeln. Auf dem Höhepunkt des Schaffens kommt es bei vielen zur sogenannten Midlife-Crisis. Lebenskrisen erleidet man jedoch auch bei einem schweren Unfall oder der Diagnose einer unheilbaren Krankheit, beim Verlust des Partners oder eines Kindes, ebenso beim Verlust eines schwer ersetzbaren Arbeitsplatzes.

Irgendwann, mittlerweile später als bei früheren Generationen, finden die beiden biographisch vorletzten Übergänge statt, zunächst der Übergang von der Erwerbs- in die Ruhestandsphase bzw. das Rentnerdasein, sodann der Übergang in die Pflegebedürftigkeit. In der allerletzten Lebensphase, wenn man sie denn so erleben darf, muss man sich schließlich dem Sterben stellen.

Angesichts dieser phasenreichen Dynamik wird die Frage, wann in seiner Biographie der Mensch am ehesten Ich selbst ist, obsolet. Einleuchtender ist es, den Gedanken des Ich-selbst zu verflüssigen. Vorsichtigerweise als Frage formuliert: Warum darf man, soll sogar nur von einer «authentischen Kindheit» sprechen, nach der sich viele zurücksehnen, warum nicht ebenso von einer «authentischen Pubertät», obwohl wenige sie wegen der bekannten Umbruchsschwierigkeiten noch einmal erleben wollen? Entsprechend kann man auch beim Älteren von einem glaubwürdigen Ich-selbst, einem «authentischen Altsein», reden. Selbst bei der allerletzten Lebensphase, werden wir sehen (Kap. 8–9), ist es nicht unsinnig, von einem «authentischen Sterben» zu sprechen.

Sogar Demenzkranke können trotz erheblicher Identitätsverluste durchaus zufrieden sein, weshalb ihre Lebensqualität nicht schlicht verschwindet. Ein renommierter Intellektueller zum Beispiel kann auf einem Bauernhof mit dem Füttern von Kühen und mit wohlschmeckendem Essen so glücklich sein, dass, obwohl von der früheren Intelligenz und rhetorischen Begabung so gut wie nichts übrigblieb, von einem vollständigen Verlust von Lebensqualität schwerlich die Rede sein kann. Ob man noch von einem Ich-selbst-sein sprechen kann, lasse man allerdings besser dahingestellt.

6. In Würde glücklich altern

Altern will gelernt sein

Schon weil die Älteren für die Gesellschaft ein Gewinn sind, noch mehr aber wegen des Eigenwertes aller Menschen steht im Mittelpunkt einer Philosophie des Alters die Frage, wie man in Würde und möglichst gut und glücklich altern kann (vgl. Möller 2001 und Rentsch/ Zimmermann/Kruse 2013).

Die heitere Gelassenheit, auf die unsere Vorbilder für eine Alterskunst hinweisen, die Fähigkeit, die sich in Max Webers Widmung an seine Frau Marianne andeutet, seinen Lebenspartner, aber auch sich selbst, bis ins Pianissimo des «höchsten Alters» zu schätzen, fällt allerdings dem Menschen nicht von allein zu. Er muss sie lernen, was keineswegs leicht fällt, deshalb erwartungsgemäß auch nicht jedem gelingt. Denn davon abgesehen, dass Alter, wie es im Sprichwort heißt, nicht vor Torheit schützt, werden allzu viele Menschen im Alter mürrisch und verbittert oder verhärten sich, wohinter sich allerdings oft Ängste verbergen: dass die Zeit davonläuft, dass man in Einsamkeit vor sich hin altert, bestenfalls in einem Pflegeheim ein diesseitiges Fegefeuer, einen sozialen Vortod, erlebt. In poetischer Überhöhung formuliert: «Wehe dem, der nicht im Schutz der Liebe altert.»

Die entsprechende Gefahr, die freilich in allen Lebensphasen droht, gehört im hohen Alter zu den Gründen, warum jeder zwar lange leben, niemand aber alt werden mag. Um den sozialen Vortod zu verhindern, kann man zwar mit einem der weltweit meistgelesenen deutschen Schriftsteller, mit Hermann Hesse, sagen «Mit der Reife wird man immer jünger» (Hesse 1990), man muss aber auch anerkennen: «Altsein ist eine ebenso schöne und heilige Aufgabe wie Jungsein», und: «Auf eine menschenwürdige Art alt zu werden und jeweils die unserem Alter zukommende Haltung oder Weisheit zu haben, ist eine schwere Kunst.» Denn die Gelassenheit des Alters stellt sich nicht von selbst ein. Keineswegs schenkt die Natur dem Menschen als segensreichen Ausgleich für steifer werdende Gelenke und ein vergessliches Gehirn die Lebensweisheit. Diese muss man sich vielmehr selbst und mühsam erarbeiten.

Zu Recht weist Gottfried Benn in seinem Vortrag *Altern als Problem für Künstler* auf eine Einsicht hin, die Goethe in seinen *Reflexionen und Maximen* ausspricht (hier etwas gekürzt): «Älter werden heißt, alle Verhältnisse verändern sich und man muss entweder zu handeln ganz aufhören oder mit Willen und Bewusstsein das neue Rollenfach übernehmen.» (Nr. 259) In den Worten einer erfahrenen Heimleiterin: «Altsein ist nichts für Feiglinge». Und noch einmal Goethe: «Wenn man alt ist, muß man mehr tun, als da man jung war.» (Nr. 521)

Das erforderliche Lernen erfolgt nicht akademisch, so wie man Musikgeschichte oder Ingenieurwissenschaften studiert, sondern lebenspraktisch, durch Üben und Einüben, also auf die Weise, wie man ein Musikinstrument, ein Handwerk oder auch eine Sprache lernt. Dem entsprechen auf wissenschaftlicher Seite nicht jene Verlustdiskurse, die sich auf das Schwinden körperlicher, geistiger, sozialer und emotionaler Kräfte konzentrieren. Obwohl als Kehrseite eudaimonistischer Altersdiskurse berechtigt, belaufen sie sich, wenn man sie verabsolutiert, auf Resignation. Altersfreundliche Diskurse richten sich auf das Gedeihen altersgerechter Interessen und Beziehungen. Sie überlegen, wie man trotz der Beschwerlichkeiten des Alters die bleibenden Potentiale und Chancen wahrzunehmen vermag. Altersfreundliche Diskurse zielen auf die Fähigkeit, bis ins hohe Alter mit dem Leben zufrieden zu sein, um dabei das «Glück der späten Jahre» zu genießen.

Ratschläge der Lebensklugheit: «Die vier L»

Wie in der generellen Lebenskunst so gibt es in der Alterskunst grundsätzlich weder philosophische noch wissenschaftliche Rezepte. Obwohl wegen der Verschiedenheit der Begabungen und Interessen jeder Mensch seinen eigenen Weg zu suchen hat, sind jedoch allgemeine Wegweiser möglich.

Das alte Wort «mens sana in corpore sano» («ein gesunder Geist in einem gesunden Leib») erinnert an unsere Mehrdimensionalität, die genau besehen in vier Dimensionen besteht: Menschen haben einen Bewegungsapparat, den viele Workaholics, Arbeitssüchtige, mit fortschreitenden Jahren vernachlässigen. Sie haben auch einen Geist, der nicht einrosten darf, sind Sozialwesen und haben, als Inbegriff von Gefühlen verstanden, eine Seele, die sich lieber freut als ärgert. Wer die Seele vernachlässigt, kann Goethes schmerzliche Einsicht bestätigen: «Die Seele muß nun einmal durch diese Augen [gemeint sind die des Leibes] sehen, und wenn sie trüb sind, so ist's in der ganzen Welt Regenwetter.» (Brief an Augustin Trapp, 28. Juli 1770)

In den vier Dimensionen – zu ergänzen sind noch eine gesunde Ernährung und genügend Schlaf – lebt der Mensch aus einer Leistungsfähigkeit, die er von Kindheit und Jugend an im Laufe seines Lebens durch entsprechendes Tätigsein aufbaut. Weil im Alter, zumal bei Hochbetagten, die Fähigkeiten an Vitalität verlieren, wendet sich die erste und wichtigste Strategie der Alterskunst jeder der vier Dimensionen zu, allerdings nicht einzeln, auch nicht alternativ, als ein Entweder-Oder, sondern in enger Verzahnung. Statt eine der Dimensionen zu bevorzugen und dann zu maximieren, nimmt die erste Strategie der Alterskunst alle vier in den Blick und bemüht sich um deren gemeinsame Förderung, also um eine integrative Optimierung statt einer singulären Maximierung. Sie sorgt für die angemessene Aktivierung sowohl der körperlichen und geistigen Fähigkeiten als auch der emotionalen und sozialen, was sich in den erwähnten vier Ls bündelt, in Laufen, Lernen, Lieben und Lachen (vgl. Höffe 2010, Wick 2008), die, rechtzeitig begonnen, zu einem beträchtlichen körperlichen, geistigen, sozialen und emotionalen Kapital verhelfen.

Alle vier Tätigkeiten sind für sich selbst sinnvoll und machen, sachgerecht und individuumgerecht betrieben, Freude. Die Philosophie spricht von einem inneren, intrinsischen Wert, zu dem sich freilich ein äußerer Vorteil, ein Zusatznutzen, zugesellt: Die vier Ls arbeiten der Altersschwäche entgegen, indem sie sie in die fernere Zukunft verschieben. Seit Jahrhunderten suchen Schriftsteller und Maler wie Lucas Cranach im gleichnamigen Gemälde einen Jungbrunnen, den die Wissenschaften seit Bacons wissenschaftlich-technischer Utopie *Neu-Atlantis* (1627) vornehmlich mittels pharmazeutischer Hilfe zu realisieren suchen. Ohne den Wert von Arzneimitteln zu leugnen, lehrt die eigene Erfahrung, was die Forschung bestätigt: dass man die dem Alter entgegenwirkenden Kräfte zu einem erheblichen Teil bei sich und in sich selbst findet.

Die Sache der vier *L*s ist, wie in Kapitel 5 angedeutet, schon Cicero bekannt. Er spricht nämlich von körperlichem und geistigem Training und dem Sich-öffnen für größere Räume der Geselligkeit, einschließlich dem unbelasteten Gespräch zwischen den Generationen.

Lösen wir uns von Cicero: Das erste *L*, das Laufen, meint Aktivitäten des Bewegungsapparates. Ob man wandert, schwimmt oder Fahrrad fährt, ob man Fußball oder Handball, Tennis oder Golf spielt, ob man ins Fitnessstudio geht, Ski läuft, taucht oder ob man Yoga, Qigong, Tai-Chi betreibt oder Kung-Fu und andere ostasiatische Verteidigungstechniken übt – man stärkt seine Muskeln, aktiviert sein Bindegewebe, die Faszien, und arbeitet Gelenkerkrankungen wie Arthrose entgegen. Darüber hinaus bekämpft man, wenn man weder übertreibt noch sich dopt, die großen Gesundheitsgefahren Diabetes, Herz-Kreislauf-Leiden, Bluthochdruck, Fettsucht und Nierenschwäche.

Zusätzlich lenkt das Laufen von Ärger und beruflichem Stress ab, greift also in das vierte L über. Denn wer es in Maßen betreibt, findet Erholung, Freude, sogar Genuss und hat am Ende trotz der unvermeidlichen Anstrengung ein erhebendes Wohlgefühl. Ein weiterer Nutzen besteht in dem, was Kosmetik und Wellness nur begrenzt leisten: Bewegung schafft ein wahrhaftes Anti-Aging. Denn recht verstanden bedeutet es nicht, man altere nicht, sondern könne die Spanne qualitativ hochrangiger Lebensjahre erheblich verlängern.

Nicht anders verhält es sich beim zweiten *L*, dem *Lernen*, denn Bildung ist einer der wirksamsten Wege, nicht unnötig rasch zu altern. Menschen, die mehr als ein Zweitbuch besitzen und täglich mehr als 30 Minuten lesen, verlängern ihre Lebenserwartung um etwa zwei Jahre. Bildung erhöht die «Verschaltungen» im Gehirn und macht widerstandsfähiger gegen Demenz. Wer nur ökonomisch, aber nachhaltig denkt, erkennt hier: Die Zeit, die man dem Lesen widmet, zahlt sich am Ende in verlängerter Lebenszeit aus.

Bekanntlich beginnt das Lernen als Bildung und Ausbildung und geht später in eine Fortbildung über. Es setzt sich in berufsunabhängiger Lektüre fort, findet besonders intensiv im Lernen eines Musikinstrumentes oder einer Fremdsprache, bei Kulturreisen, in Volkshochschulkursen und Seniorenuniversitäten statt. Unter eine Skizze eines Methusalem setzt Goya die Worte «aún aprendo» («sogar ich lerne»). Auch das Lernen hat einen Zusatznutzen, wirkt nämlich ebenfalls dem Ärger und Stress entgegen, hat daher, ohne sich gerontologischen Erlösungsphantasien hinzugeben, einen Anti-Aging-Effekt. Zusätzlich entgeht man der Langeweile und Einsamkeit.

Die Erfahrung lehrt, dass mit fortschreitendem Alter der Körper immer mehr auf seinen Kopf, den Geist, angewiesen ist. Geist zeigt sich auch in der Fähigkeit zur lebensklugen Selbsteinschätzung. Wer eine Hautcreme namens «Happy Aging» schätzt, leugnet nicht, dass Falten kommen, gibt aber dem Vorgang zusätzlich zum kosmetischen Verlangsamen einen selbstironischen Unterton. Dieser erleichtert es, sein Alter nicht an der Zahl der Falten, sondern an bleibendem Lebenselan zu messen. Allerdings darf man die Selbstironie nicht zu dick auftragen, andernfalls droht der Spott: «Wir haben Dich lieb, wir haben Dich gern / doch spiel' bitte nicht den alten Herrn.»

Beim dritten *L*, dem *Lieben*, geht es um den bunten Strauß von Sozialbeziehungen, die bei der Partnerschaft beginnen, sich in Verwandtschafts- und Freundschaftsbeziehungen fortsetzen und bei der Mitwirkung in Sportvereinen, Orchestern, Chören und Wandergruppen nicht enden. In all diesen Formen pflegt man die wichtigste Quasi-Tugend, die Freundschaft, und arbeitet, in angemessenem Ausmaß, dem Altwerden entgegen. Denn Anerkennung und das Gefühl, geliebt zu werden, wirken stärker als viele Arzneimittel.

Lebensklugheit rät, sich vom Ende des Erwerbslebens nicht überraschen zu lassen. Damit dann die Wochenenden nicht volle sieben Tage dauern, pflege man rechtzeitig anspruchsvolle Hobbies. Nicht minder wichtig sind ehrenamtliche und bürgergesellschaftliche Aufgaben, deren bunte Fülle so gut wie jedem Menschen geeignete Entfaltungschancen und Gelegenheiten zu Anerkennung und Selbstachtung bietet.

Der Gefahr, statt heiter gelassen lieber stur, rechthaberisch und verbittert zu werden, steuert das vierte *L* entgegen, das *Lachen*, das für die emotionale Seite des Menschen, Entspannung, Lebensfreude und Lebenslust steht. Wer sie beherrscht, statt ein ewignörgelnder Dauergrantler zu sein, kann gegen Ende des Lebens sagen: «Schön war's». Auch hier, bei einem ausgefüllten Gefühlsleben, gibt es glücklicherweise den Zusatznutzen, eine gehörige Portion Anti-Aging. Wer ein grimmiges Gesicht mit einem entspannten vergleicht, lernt: Ein Lächeln ist das beste Make-up, oder in poetischen Worten: Lachen ist Musik der Seele.

Mit allen vier *L* hat man früh zu beginnen. Nicht weil man, altklug und lebensfremd, schon in der Jugend an das Alter denken sollte, sondern weil man dann den Fundus aufzubauen beginnt, körperliche und geistige Ressourcen sowie schöne Erinnerungen, auch jene Fähigkeit, schmerzliche Erfahrungen zu bewältigen, die, weil mit zunehmendem Alter mehr und mehr gefordert, dann ihre menschliche Rendite abwirft. Freilich kann auch das Gegenteil zutreffen. Wer in jungen Jahren Raubbau an seiner Gesundheit treibt, muss für diesen Lebenswandel später den fälligen Tribut zahlen.

Sozialethische Gebote

Die Ratschläge, die sich in den vier *L* bündeln, sind ihrer Verbindlichkeitsart nach Pflichten gegen sich, nicht gegen andere, gehören also zu einer Individualethik, nicht zur heute prominenteren Sozialethik. Genau genommen sind es nicht wahrhaft moralische Pflichten, keine unbedingt gültigen, kategorischen, sondern lediglich auf das eigene Wohlergehen verpflichtete pragmatische Imperative.

Auf diese Ratschläge einer klugen Lebenskunst folgen echte moralische Verbindlichkeiten, die zudem zur Sozialethik gehören. Traditionell gliedert sich die dafür zuständige Deontologie, die Lehre des Sollens, in zweimal zwei Teile, in Pflichten gegen sich, wie die zur eigenen Vollkommenheit, und in Pflichten gegen die Mitmenschen. Andererseits sind die vollkommenen, nämlich keinerlei Ausnahmen erlaubenden, einander geschuldeten Pflichten von den unvollkommenen, ein Mehr und Weniger zulassenden, verdienstlichen Tugendpflichten zu unterscheiden. Die folgenden Überlegungen konzentrieren sich auf die Pflichten gegen andere und in ihrem Rahmen auf den einander geschuldeten Anteil. Es sind Verbindlichkeiten, die das politische Gemeinwesen gegen die Älteren zu erfüllen hat und in ihrer Gesamtheit auch Gerechtigkeit heißen.

Die *erste,* zugleich grundlegende *gerontologische Pflicht* besteht im Gebot, das Alter zu ehren. Man kann es zunächst quasi-empirisch, mit seiner interkulturellen Anerkennung begründen: Die Pflicht gehört, weil in so gut wie allen Kulturen zu finden, zum gemeinsamen Moralerbe der Menschheit. Sie taucht nicht bloß im Dekalog auf, dort als erstes Gebot der zweiten, nicht mehr betont religiösen, vielmehr religionsindifferenten Tafel: «Ehre deinen Vater und deine Mutter, damit deine Tage verlängert werden und es dir wohl ergehe» (*Exodus* 20, 12; vgl. *Deuteronomium* 5, 16). Das entsprechende Gebot finden wir auch im Konfuzianismus, zum Beispiel in Konfuzius' Gesprächen (*Lun-yu*, Kap. 4 I, 25 *Ehre vor dem Alter*), und im *Koran* (Sure 6, Vers 151).

Der moralische Rang dieses Gebotes entscheidet sich an der Frage, ob es sich um eine nur verdienstliche oder aber um eine geschuldete Pflicht handelt. Im ersten Fall, einer stärker altruistischen Rechtfertigung, schwächt sich die Pflicht zu einer Gnade ab, die man Älteren auch entziehen dürfte. Deshalb empfiehlt sich der im Dekalog schon anklingende Appell an das eigene, aufgeklärte Selbstinteresse: Man ehre seine Eltern, um selber länger und in Wohlergehen zu leben.

Diese «egoistische» Rechtfertigung mag der altruistisch eingefärbten Haltung vieler Menschen widersprechen. In ihrer legitimatorischen Bescheidenheit bindet sie jedoch das Gebot nicht an die zwar ehrenwerten, aber vielfach doch nicht praktizierten Haltungen von Mitleid und Wohlwollen. Schon deshalb, und weil das Gebot nicht nur in jüdisch-christlichen Kulturen anerkannt wird, darf man für den Kern des Gebotes eine schon vor- und außeraltruistische Motivation erwarten.

Damit die Anerkennung nicht zu einer Gnade herabsinkt, empfiehlt sich eine «Umwertung von Werten», die den älteren Menschen gerechtigkeitsgebotene Rechte einräumt. Dann rechtfertigt sich die Pflicht, das Alter zu ehren, aus einer Wechselseitigkeit, pars pro toto aus einem Tausch: Man überreicht eine Gabe nicht einseitig, als Geschenk, sondern in Erwartung einer Gegengabe, wobei weder Gabe noch Gegengabe in einem materiellen Gut bestehen müssen. Tauschprozesse finden keineswegs nur im Rahmen der Wirtschaft statt.

Den Kern einer Evolutionsbiologie des Alterns (vgl. Rose 1991) bildet die Frage, warum die Mitglieder mancher Arten nach ihrer Gebär- bzw. Zeugungsfähigkeit noch so lange Zeit leben. So haben die Frauen eine auffallend lange nachreproduktive Lebenserwartung. Nach der bislang überzeugendsten Antwort tragen sie maßgeblich zur Sicherung des Überlebens ihrer Nachkommen bei, deutlich sichtbar bei den heutigen Großeltern: Diese hüten die Enkel, helfen gelegentlich im Haus oder Garten, geben auch da und dort einen Zuschuss zum Haushaltsgeld. Und nicht selten übernehmen sie weit über den Kreis der eigenen Familie hinaus soziale Aufgaben.

Ferner gibt es indirekte Hilfen: Eltern öffnen Beziehungen und helfen beim beruflichen Fortkommen oder der Wohnungssuche. Sie vermitteln Erfahrungen, und sei es auf jene sprachfreie Weise, die das Portrait einer älteren Frau kommentiert: «Menschen ohne Make-up. Sie haben ein Leben durchgestanden mit allen Freuden, Schwierigkeiten und Enttäuschungen. Das haben sie uns anderen voraus.» Um das Altwerden rechtzeitig zu lernen, hilft nun der Blick in ein Gesicht von Erfahrung und Güte, von Nachsicht, vielleicht auch Humor.

Nach Auskunft empirischer Forschung ist im Westen das erste gerontologische Gebot zunehmend gefährdet: Man ist rücksichtslos gegen Ältere, lässt es an Hilfsbereitschaft fehlen und neigt dazu, sie zu entmündigen. Dagegen lässt sich gerechtigkeits-, näherhin tauschtheoretisch argumentieren: Bekanntlich kommen die Menschen extrem hilfsbedürftig auf die Welt und brauchen, bis sie selbständige und selbstverantwortliche Erwachsene sind, viele Jahre einer facettenreichen Zuwendung und Unterstützung. Nun sind, wenn auch in anderer Weise, ältere, vor allem hochbetagte Menschen auf Hilfe angewiesen.

Damit nun einerseits Kinder heranwachsen können, andererseits hilfsbedürftig gewordene Ältere in Ehren alt sein dürfen, haben beide das Interesse, in ihrer jeweiligen Schwäche nicht ausgenutzt zu werden. Deshalb ist es für die mittlere Generation vorteilhaft, gegenüber den Älteren weder die eigene Machtüberlegenheit auszuspielen noch gegen die Hilfsbedürftigkeit gleichgültig zu sein. Sobald die Jüngeren selbst alt geworden sind, wollen sie nämlich ihrerseits nicht den Machtpotentialen und einer mangelnden Hilfsbereitschaft der mittleren Generation ausgesetzt sein. Somit zeigt der generationenübergreifende Blick, dass nicht erst Mitleids-, sondern schon Gerechtigkeitsargumente die genannten Gruppen in den Tausch einbeziehen. Daraus folgt als Variante des gerontologischen Grundgebotes ein *zweites gerontologisches Gebot*: So wie man als Kind seine körperliche, auch seelische und geistige Schwäche nicht ausgenutzt sehen will, so darf man als Erwachsener die physischen, emotionalen und kognitiven Schwächen der Älteren nicht ausnützen.

Weil der entsprechende Tausch zeitverschoben stattfindet, droht allerdings eine dem Schwarzfahren ähnelnde Gefahr: Die erwachsen gewordenen Kinder, die ihre Vorteile des phasenverschobenen Tausches schon genossen haben, verweigern den hilfsbedürftigen Älteren die vom Generationentausch geforderten Leistungen. Dieser Gefahr entgeht man dort, wo ein *drittes gerontologisches Gebot* erfüllt wird und der gemeinsame Vorteil des Generationentausches auf eine generationenübergreifend dauerhafte Basis gestellt wird. Beispielsweise erzieht man zu einer «Dankbarkeit aus Gerechtigkeit»: Weil man in der Kindheit und Jugend mannigfache Hilfe von den Älteren, namentlich den Eltern, erhalten hat, ist man gegen sie dankbar und hält sie freiwillig in Ehren. Oder aber man traut der Freiwilligkeit nicht mehr, schafft daher durchsetzungsfähige Institutionen und als deren Inbegriff den Sozialstaat, der durch die einschlägigen Sozialversicherungen, ferner durch Sorge für Rahmenbedingungen von häuslicher Pflege und von Senioren- und Pflegeheimen in die Verantwortung für die Älteren eintritt. Bedauernswert wäre es freilich, wenn dadurch die persönliche Dankbarkeit verschwände.

Der phasenverschobene Tausch hat zwei Aspekte. Beim negativen Tausch nimmt man wechselseitige Freiheitsverzichte vor, man übt keine Gewalt gegeneinander; beim positiven Tausch tauscht man Leistungen. Insofern auch der zweite Tausch für beide Seiten vorteilhaft ist, dient er dem Selbstinteresse aller und ist zugleich gerecht. Erneut beruft sich die Rechtfertigung auf die elementare anthropologische Tatsache, dass der Mensch nicht bloß machtlos, sondern auch extrem hilflos geboren wird und sich nach langer Zeit relativer Selbständigkeit häufig hilflos wiederfindet. Deshalb hat er in beiden Phasen, am Anfang und am Ende seines Lebens, ein Interesse an Hilfe. Nach dem Legitimationsmuster des wechselseitigen Vorteils ergibt sich daraus eine weitere Gerechtigkeitsverpflichtung, als Variante des zweiten Gebotes ein *viertes gerontologisches Gebot:* Die am Lebensbeginn erfahrene Hilfe ist durch eine Hilfe gegen Ältere zu erwidern.

Ein Aspekt der veränderten Demographie, das Defizit an Unterjüngung, schafft allerdings ein Problem: Weil es immer weniger Jugendliche gibt, die später nicht bloß die Renten zu finanzieren, sondern die Älteren auch zu betreuen haben, empfehlen sich Anreize zu ehrenamtlicher Hilfe. Wer beispielsweise heute Betreuungs- und Pflegeleistungen – Leistungen gegen Enkelkinder eingeschlossen! – erbringt, der erwirbt einen Anspruch auf spätere Betreuungs- und Pflegeleistungen. Wer sie hingegen nicht erbringt, zahlt einen finanziellen Ausgleich.

Die Goldene Regel der Altersethik

Bei einem weiteren Problem, der Entmündigung älterer Menschen, scheint die tauschtheoretische Legitimation zu versagen. Denn hier geht es nicht mehr um das *Ob*, sondern um das *Wie* von Hilfeleistungen, die doch nicht zu einem ökonomischen Geschäft, dem Tausch, erniedrigt werden dürfen. Zweifelsohne sind im Umgang mit älteren Menschen moralische Einstellungen gefragt, die wir im gewöhnlichen Geschäftsverkehr für überflüssig halten, obwohl sie auch bei Dienstleistungen gefordert sind: Verständnis, Zuwendung und Geduld. Der Gedanke des Generationentausches beruft sich aber auf ein anderes Argument:

So wie gegenüber Kindern lediglich das *Dass* des Helfens tauschtheoretisch zu legitimieren ist, das *Wie* jedoch den Bedürfnissen der Hilfesuchenden zu entnehmen ist, so muss man sich auch gegenüber den Älteren an deren Bedürfnissen orientieren. Analog zu dem längst anerkannten Postulat einer kindzentrierten Erziehung ist daher ein weiterer, *fünfter gerontologischer Grundsatz* geboten, die Forderung nach einer altenzentrierten Gerontologie. Oder als *Goldene Regel einer Sozialethik des Alters* formuliert: «Was du als Kind nicht willst, das man dir tu, das füg' auch keinem Älteren zu!»

So wie Kinder und Jugendliche liebevolle Zuwendung, geistige Anregungen und Sozialkontakte brauchen, so benötigen auch Ältere weit mehr als Nahrung, Kleidung, ein Bett und pflegerische und ärztliche Hilfe. So wie Kinder früh viele Rechte wahrnehmen wollen, so sollten auch ältere Menschen möglichst lang und ausgedehnt ihre Rechte behalten, nicht zuletzt sich sowohl innerlich als auch räumlich zurückziehen können. Und wie man Spielplätze, Schulen und Sportanlagen altersgerecht gestaltet, so sind auch für die Älteren altersgemäße Räume zu schaffen, etwa Nachbarschaftseinrichtungen und «Selbsthilfe-Treffs» bis hin zu Senioren-Universitäten. Schließlich sollten Seniorenheime nicht als «Kindergärten für alte Menschen» eingerichtet werden, in denen schon die stereotype Begrüßung die Entmündigung befördert: «Na, wie geht's uns denn heute, Oma?»

So wie man Kindern und Jugendlichen trotzdem möglichst partnerschaftlich, zumindest autoritätsarm entgegentritt, sind analog die Älteren zu behandeln. Es bedarf einer *autoritätsarmen Gerontologie,* die sich von der Goldenen Regel der Altersethik her rechtfertigt: «Behandle ältere Menschen so, wie du selber im Alter behandelt werden willst!»

Ein Vorbild bietet das Märchen «Der Großvater und der Enkel», in dem ein zittrig gewordener Greis von seinem Sohn und dessen Frau zunächst des gemeinsamen Esstisches verwiesen, sodann mit einem hölzernen Schüsselchen versehen, schließlich aber wieder zurückgeholt wird. Denn der vierjährige Enkel macht «ein Tröglein, daraus sollen Vater und Mutter essen, wenn ich groß bin». Damit zeigt er den Eltern, dass sie auch einmal alt, sogar steinalt, dabei zittrig sein werden und in dieser Lage kaum so lieblos wie der Großvater abgeschoben sein wollen.

Diese Aufforderung verbindet sich mit einem weiteren, *sechsten gerontologischen Gebot:* Weder die Gesellschaft noch die Stadt von Morgen dürfen lediglich «möglichst altengerecht» gestaltet werden. Sie müssen vielmehr auch für die Bedürfnisse der Kinder und Interessen der anderen Generationen offen bleiben.

Weitere gerontologische Gebote

Zweifellos steht die Goldene Regel der Altersethik in Konkurrenz zur Wirtschaftlichkeit, wofür das Anlegen von Ernährungssonden ein klares Beispiel bietet. Von den 140 000 Sonden, die laut dem *Deutschen Ärzteblatt* (Synofzik/Markmann 2007) pro Jahr gelegt werden – mittlerweile hat sich die Situation kaum verbessert –, gehen zwei Drittel an Bewohner von Pflegeheimen. Menschlicher wäre es, diese Personen persönlich zu füttern und dabei mehr als lediglich Nahrung zu verabreichen, nämlich auch eine emotionale und soziale Zuwendung zu geben. *Siebentes gerontologisches Gebot*: Anonyme Geräte dürfen nicht die persönliche Zuwendung ersetzen. So existentiell wichtige Hilfeleistungen wie Füttern und Waschen, wie das Pflasterwechseln und Tränentrocknen sollte man nicht einmal ansatzweise Maschinen überantworten. Das kostet freilich Personal, folglich etwas, von dem der österreichische Bühnendichter Johann Nestroy sagt: «Die Phönizier haben das Geld erfunden. Warum aber nur so wenig?»

An die bisher genannten Gebote schließt sich ein weiteres Gebot an. Die Älteren sollten das fraglos uralte Recht behalten, etwas zu vererben. Dabei denke man nicht in ökonomischer Verkürzung an materielle Güter, sondern an ein «Humanvermögen»: Lebenserfahrung, auch Lebensweisheit, nicht zuletzt an ein Potential an Erzählungen (Muster: Zeitzeugen), das der Gegenwart eine historische Tiefendimension verleiht.

Allerdings kann man auch den Gleichaltrigen erzählen, mit dem Austauschen von Lebensgeschichten sogar neue Beziehungen knüpfen. Freilich verändert sich im Alter selten etwas, das schon lange vorher zutrifft: Viele Menschen wollen lieber erzählen als zuhören. Und dem, der zuzuhören bereit ist, droht, was der britische Schriftsteller Jonathan Swift in seinen Vorsätzen fürs Alter schrieb und meine hundertjährige Großtante Else gegenüber ihrer mehr als 20 Jahre jüngeren Stiefschwester auf den Punkt brachte: «Annie, hör auf, Du erzählst immer dasselbe.» Wenn aber jemandem nichts Neues mehr einfällt, warum soll er dann nicht anderen zuhören? Dafür muss er sich jedoch eine Fähigkeit bewahren, die im Alter abzunehmen pflegt: die *curiositas*, die Neugier, und deren Steigerung zur Wissbegier.

Muster eines Lernprozesses

Außer den Pflichten gegen andere kennt die Moralphilosophie auch Pflichten gegen sich und zählt dazu die Pflicht zur eigenen Vollkommenheit (zum Beispiel Kant, *Tugendlehre*, Einleitung, Abschn. IV–V). In Würde zu altern lernen, gehört ohne Zweifel dazu, so dass es sich hier nicht nur um einen Ratschlag der Lebensklugheit handelt, sondern um ein wahres moralisches Gebot, in Kants Begriffen um einen kategorischen Imperativ. Wegen der Besonderheit jedes Menschen sind zwar für den erforderlichen Lernprozess große Unterschiede zu erwarten. Erfahrungsgemäß folgt der Prozess aber einer Entwicklung in drei Phasen (vgl. Auer [4]1996), die man sich als einen dialektischen Dreischritt vorstellen kann.

In der ersten Phase, gewissermaßen der These, dem «resignativen Altern», nimmt man das Schwinden der Kräfte und sozialen Beziehungen, also vor allem Einbußen wahr. In einem inneren Verlustdiskurs hält man es mit einer Figur aus Christos Tsiolkas' Roman *Nur eine Ohrfeige* (2012, 370): «Das Leben vergeht zu schnell, und der verdammte Tod dauert zu lange.» Wer noch ironiefähig ist, klagt, die Jugend sei an die jungen Leute verschwendet.

In der ersten Phase verhält es sich mit dem Alter wie mit einem Infekt, den man zunächst nicht anerkennt, sich daher nicht schont, auch keine nötigen Medikamente einnimmt. Schließlich sieht man aber ein, ohne eine gewisse Schonung und ohne Arzneimittel geht es doch nicht. Über diesen Vergleich darf man freilich den wesentlichen Unterschied nicht übersehen: Vom Infekt kann man sich erholen, vom Altern nie, weshalb in der Sprache der Psychologie das Selbstwertgefühl unweigerlich abnimmt.

Die Einsicht in das unabwendbare Altern muss nicht schmerzlich bleiben. Denn in einer zweiten Phase, der Antithese, kann man, ohne sich etwas vorzulügen, den internen Verlustdiskurs in einen altersfreundlichen Diskurs umwandeln. Wer sich altersgerechten Interessen und Beziehungen zuzuwenden vermag, die ihm nicht von außen autoritativ vorgegeben werden dürfen, sondern den eigenen Wünschen und Möglichkeiten entsprechen müssen, dem gelingt ein «abwägend-integratives Altern».

Dessen Grundsatz tritt in den skizzierten Vorbildern für Alterskunst zutage: Den Zwängen von Konkurrenz und Karriere enthoben, wird man gegen die Frage nach mehr oder weniger Erfolg gleichgültig. Man erkennt, dass man sich niemandem mehr beweisen muss, und fühlt sich genau deshalb jung, was manche jüngere Menschen sogar mit Neid beobachten. Wer dann einen Rückblick auf sein Leben wirft, gewissermaßen Bilanz zieht, der, sagt die Erfahrung, beklagt weniger einen Mangel an Karriereerfolg. Weit mehr bedauert er, sich für die Familie und engen Freunde nicht genug Zeit genommen zu haben. Denn jetzt treten Unbestechlichkeit, Selbstachtung, Güte und Humor in den Vordergrund.

Freilich gibt es zu Blochs «Wunschbild Überblick, gegebenenfalls Ernte» Alternativen: Der knapp 60-jährige Goethe erwartet im «Schenkenbuch» des *West-östlichen Divan* von der alten Trias Wein, Weib und Gesang, hier eine «Lieb-, Lied- und Weintrunkenheit» genannt, Kräfte der Verjüngung. In Martin Walsers Roman *Angstblüte* äußern sie sich in einem Aufbäumen gegen das Älterwerden, in einer Rebellion dagegen. Dort geht es allerdings um einen rüstigen 60- bis 71-Jährigen, den man wegen seiner nicht nur geistigen, sondern auch körperlichen Frische heute kaum «alt» nennen wird.

Schließlich erreicht man in der dritten Phase, einer Synthese, im «kreativen Altern», eine gewisse Vollendung. Man lässt der neuen Lebensphase ihre Eigenart, sieht sogar einen gewissen Gewinn und nimmt das Unausweichliche: dass die Tage gezählt sind, klaglos hin.

Mittlerweile bedient die Medienindustrie diese kreative Einstellung zum Altern, beispielsweise bringt sie eine

Zeitschrift mit dem Titel «Für Frauen ab 60» heraus und platziert auf dem Titelblatt die Devise: «Älterwerden hat etwas befreiendes». Auch wenn sie damit nicht auf den Tod anspielt, kann man den Schatten, den er vorauswirft, und dessen einebnende Wirkung – «Der Tod macht alle gleich» – schwerlich leugnen.

Wohlhabende, auch berühmte oder mächtige Menschen, mag man einwenden, vermögen sich mehr soziale Zuwendung zu verschaffen. Für einen vermutlich noch wichtigeren Faktor, emotionale Aufmerksamkeit, braucht es aber weder Ruhm noch Macht oder Geld. Im Gegenteil kann bei den Großen der Welt der Fall von den bisherigen Höhen in die Niederungen des Alters enorm, vermutlich stärker als bei den gewöhnlichen Sterblichen sein. Noch einmal Tsiolkas (348): Im Alter kann man «einen gewissen Frieden finden», weil im Alter alle Menschen klein, gleichermaßen klein werden: «Nicht bei der Arbeit, nicht im Glauben, nicht in der Politik, nur im Alter» kann man «in einer Welt verweilen, die nicht von Hierarchie, Snobismus und Rachsucht bestimmt war».

Den Zwängen von Konkurrenz und Karriere mit deren Berg von Verpflichtungen und unerledigten Aufgaben enthoben, nicht mehr Teilnehmer, allenfalls Beobachter des Wettbewerbs um Macht, Geld und Ehre, wird man gegen einschlägigen Erfolg gleichgültig. Die üblichen Maßstäbe, gesellschaftliche Stellung, Beziehung und Geld, selbst Wissen und Können, haben an Gewicht verloren. Stattdessen dürften die genannten humanen Tugenden in den Vordergrund treten.

Wie weit das gelingt, ist eine andere Frage. Zu Balthasar Denners Bildnis einer alten Frau schreibt die Schriftstellerin Zadie Smith: «Ich betrachte den gescheckten Pelz, den sie trägt, die edle Seide, und sehe darin die hartnäckige Hingabe an Luxusgüter, die so viele reiche Frauen betreiben, sobald das Fleisch sie im Stich lässt» (Smith 2017). Eine andere Antwort liest man in Silvio Blatters Roman *Zwölf Sekunden Stille* (2004, 13). Dort sagt ein 82-jähriger Seniorverleger seinem Kulturchef, der zum 58. Geburtstag sein Amt aufzugeben hat: «Ich kenne diese Angst vor dem Älterwerden. Als ich auf die sechzig zusteuerte, tyrannisierte sie auch mich … jetzt pfeife ich darauf; jetzt weiß ich, dass ich ein alter Mann bin.» Aber, fährt Blatter fort, er «sonnte sich in der Widerrede».

Ohne zu leugnen, dass das würdige und glückliche Altern nicht ewig währt, darf man das schon zitierte Wort des Cellisten Pablo Casals wiederholen: «Alter ist überhaupt etwas Relatives. Wenn man weiter arbeitet und empfänglich bleibt für die Schönheit der Welt, die uns umgibt, dann entdeckt man, dass Alter nicht notwendigerweise Altern bedeutet.» Wem wahre Lebenskunst gegeben ist, der kann sein Leben als ein Kunstwerk ansehen, das im Alter Patina, also Zeichen von Echtheit im Gegensatz zu industrieller Massenware, anlegt. Dann wird man nicht alt, sondern, wie es so schön heißt, altehrwürdig.

7. Hochbetagt:
Alterskunst in der Geriatrie

Wegen der «gewonnenen Jahre», deren sich heute viele Menschen erfreuen, empfiehlt sich, zwischen einem «jungen Alter» der 60- bis 80- oder 85-Jährigen und dem hohen Alter ab 80 oder 85 Jahren zu unterscheiden. Die traditionelle Alterskunst nimmt jedoch die sehr Alten, die Hochbetagten (unschön: Hochaltrigen) als eigene Bezugsgruppe kaum in den Blick. Entweder spielten früher die typischen Probleme, die aus erheblich größeren Einschränkungen folgende Abhängigkeit von vielfacher Hilfe, eine geringe Rolle. Oder den Betreffenden, Mitgliedern der gebildeten Mittel- und Oberschicht, stand das nötige Personal wie selbstverständlich zur Verfügung.

Selbstachtung, Selbstbestimmung und kreatives Altern

Bei den Hochbetagten bleibt die zweifache Grundfrage der Alterskunst erhalten. Wie kann man in Würde glücklich altern? Und: Welche Pflichten bestehen gegen die Hochbetagten? Für die Antwort ist sowohl die Sozialethik mit ihren wahrhaft moralischen Pflichten als auch die personale Ethik mit ihren Ratschlägen der Lebensklugheit zuständig.

Beginnen wir mit der Sozialethik: Obwohl im hohen Alter die persönlichen Lebensbedingungen sich tiefgreifend ändern, obwohl beispielsweise so gravierende Symptome wie Atemnot, Blutungen, Blasenschwäche, Ödeme und Ernährungsstörungen auftreten, obwohl die Gefahren von Antriebsschwäche, Sturzgefahr, Schwindel und akuter Verwirrtheit sich steigern, obwohl in den Knochen Osteoporose und im Gehirn Beta-Amyolid lauern, haben all diese Phänomene «nur» das Gewicht von Randbedingungen, die nach einer speziellen konkreten Anwendung rufen. Das sozialethische Leitziel ändern sie nicht; es bleibt dasselbe wie in der schon skizzierten Alterskunst.

Um die Anerkennung zu erleichtern, ist an die Goldene Regel der Alterskunst zu erinnern: Man behandle die Hochbetagten so, wie man selber als Hochbetagter behandelt werden möchte. Die beiden hier wichtigsten Grundrechte bestehen im Recht auf Selbstachtung und dem auf Selbstbestimmung. Obwohl viele Hochbetagte mehr und mehr an Selbständigkeit einbüßen und in körperlicher und seelischer Hinsicht schutzbedürftig werden, daher einer intensiven Hilfe bedürfen, sollen sie um diese Hilfe nicht betteln müssen. Andernfalls würde ihr Recht auf Selbstachtung verletzt und gegen das erste hippokratische Gebot, dem Wohlergehen des Betroffenen zu dienen, verstoßen.

Das Recht auf Selbstachtung setzt sich im Recht auf Selbstbestimmung fort. Denn Hochbetagte bleiben selbstverständlich Personen im rechtlichen Sinn des Ausdrucks, nämlich der Zurechnung fähige Wesen, die im Rahmen des geltenden Rechts ihr Leben nach den eigenen Vorstellungen führen dürfen, selbstbestimmt und in ihrem Gewissen frei. Keineswegs endet dieses Recht im hohen

Alter. Im Gegenteil sollte man, wo erforderlich, die Fähigkeit zur Selbstbestimmung stärken, gegebenenfalls auch helfen, sie wiederzugewinnen.

Sollte aber die zur Selbstbestimmung erforderliche Urteilsfähigkeit eingeschränkt und wie bei hochgradiger Demenz verlorengegangen sein, darf niemand seine eigenen Lebensvorstellungen einbringen, vielmehr muss man als uneigennütziger Stellvertreter agieren. Die dabei auftretenden Schwierigkeiten sind zwar nicht zu leugnen, entbinden aber nicht von der Aufgabe, sich ernsthaft zu bemühen. Dafür braucht es ein hohes Maß an Mitgefühl und Feingefühl, an Empathie, Sensibilität und der Bereitschaft zu einer gegebenenfalls zeitraubenden persönlichen Zuwendung.

Für die schwierigen Anwendungsfragen können Patientenverfügungen hilfreich sein, ebenso Angehörige, vorausgesetzt dass sie sich von den Betroffenen nicht entfremdet oder abgewandt haben. Im Gegenteil müssen sie in den letzten Jahren in engem Kontakt zu ihnen gestanden haben. Nur in Notfällen wende man sich an (Familien-)Gerichte. Für sie alle gilt jedoch als Leitprinzip die möglichst weitreichende, ausdrückliche oder zu erschließende Selbstbestimmung. Nicht das ist entscheidend, was eine auch noch so kluge, aber externe Autorität für richtig befindet, sondern das, was der Betroffene selber, zu hoffen: nach reiflicher Überlegung, für richtig hält.

Wegen der Hilfsbedürftigkeit der Hochbetagten neigt die einschlägige Ethik dazu, nur an die Pflichten gegen die Hilfsbedürftigen zu denken. In Wahrheit haben diese auch selber soziale Pflichten. Dazu gehört eine Rechtspflicht im weiteren Sinn, die der Ehrlichkeit gegen die

Helfer und Helferinnen. Insbesondere darf man weder simulieren noch Schwächen und Einbußen vorspielen, nur um mehr Zuwendung zu erhalten.

Vermutlich noch wichtiger ist die schon erwähnte Pflicht der Dankbarkeit im medizinischen und pflegerischen Alltag. Selbst eine rechtlich gebotene Hilfe verdient Dank. Schließlich bleibt das kreative Altern geboten. Man suche etwa nach dem Vorbild von Jacob Grimm, selbst im Hochbetagtsein noch gewisse Vorteile zu sehen, etwa die Entlastung von vielerlei Verantwortung. Und das Unausweichliche nehme man, ohne zu klagen und ohne zu resignieren, hin. Genau damit trägt man von sich aus zur Selbstachtung und Selbstbestimmung bei. Infolgedessen sind diese zwei Grundsätze nicht nur Grundrechte, die die anderen anzuerkennen haben, und vom Standpunkt des Hochbetagten nicht nur Ratschläge der Lebensklugheit. Weil das kreative Altern zur Selbstachtung und Selbstbestimmung beiträgt, handelt es sich hier auch um eine (Grund-)Pflicht des Menschen gegen sich selbst.

Facettenreiche Hilfe

Die Hilfe für Hochbetagte erfolgt nicht selten vonseiten der Angehörigen. Weil diese, oft selber schon ins Rentenalter gekommen, mehr als nur nebenbei den Kindern helfen, zusätzlich ihren Eltern Einkäufe machen, Rechnungen bezahlen, Steuererklärungen erstellen und geduldig mühevolle Vergesslichkeit ertragen, weil sie nicht weniger zusätzlich Pflegedienst leisten und sich dafür beachtliche Kenntnisse und Fähigkeiten aneignen, sollte man sich den beliebten Vorwurf, wir lebten in egoistischen Zeiten, sparen.

Auch wenn die Hilfe eher von den einschlägigen Berufsgruppen erfolgt, von Ärzten und Altenpflegern, von Sozialarbeitern, Ergotherapeuten, Krankengymnastinnen und Physiotherapeuten, so ist bei Hochbetagten wegen ihrer geringeren geistigen, emotionalen und sozialen Fähigkeiten dringend geboten: weder zu viele noch immer neue Bezugspersonen.

Ideengeschichtlich Gebildete können sich hier an das Ockhamsche Rasiermesser erinnern, nach dem man auf Dinge, Begriffe oder Grundsätze, die für die Erklärung der Welt entbehrlich sind, verzichten soll. In Bezug auf ältere Menschen wird dieser Grundsatz der Sparsamkeit zu einem personalpolitischen Prinzip. Im Fall professioneller Altershilfe mag die Arbeit wegen der erforderlichen Spezialisierung sich auf viele Schultern verteilen müssen. Für den Hochbetagten ist es jedoch verwirrend, kann sogar demütigend wirken.

Das Alter ist keine Krankheit, die Altersheilkunde eine Disziplin des Lebens

Greifen wir aus den zuständigen Fachgebieten exemplarisch die Geriatrie heraus und beginnen mit einer Begriffserklärung: Kardiologen behandeln Menschen, die unter Herzkrankheiten, Ophthalmologen diejenigen, die unter Augen-, und Podologen die, die unter Fußkrankheiten leiden, und deren Patienten werden, wenn die Ärzte Erfolg haben, geheilt. Hätte die aufs Alter bezogene Medizin, die Geriatrie, das analoge Ziel, so wäre sie zum grundsätzlichen Misserfolg verurteilt. Denn das Alter ist keine Krankheit, die man heilen könnte. Es ist auch nicht wie manch bösartiger Krebs eine unheilbare Krankheit, sondern eine natürliche Lebensphase. (Zur Besonderheit medizinischer Versorgung im Alter s. Nationale Akademie der Wissenschaften Leopoldina u. a. 2015.)

Um nur einen Grund herauszugreifen, warum unsere Lebenszeit nicht unendlich dehnbar ist: Die blutbildenden Stammzellen erleiden einen Funktionsverlust, insbesondere nimmt ihre Fähigkeit ab, Immunzellen zu bilden, weshalb mit zunehmendem Alter die Gefahr bösartiger Geschwulste (Krebs) steigt. Unabhängig davon, ob sich seine Lebenszeit noch erheblich steigern lässt, bleibt der Mensch sterblich. Und wenn er stirbt, stirbt er nicht *am* Alter, so wie man an einem Unfall, Herzinfarkt oder Schlaganfall stirbt. Man stirbt vielmehr *im* Alter und dann an Krankheiten, durch einen Unfall oder weil man durch andere oder sich selbst getötet wird.

Weil der Mensch *im* Alter, aber nicht *am* Alter stirbt, kann ein Geriater, ohne dem Traum eines naturwissenschaftlich fundierten Jungbrunnens anzuhängen, durchaus kurativ erfolgreich sein. Dann heilt er aber lediglich eine der im Alter gehäuft auftretenden Krankheiten. Meist hält er nur deren schnelleren Fortgang auf, lindert überdies Schmerzen und andere Symptome und verhilft mittels Vorbeugung (Prävention) und Wiederherstellung (Rehabilitation) zu einem – in Grenzen – noch eigenständigen Leben. Das Altern zu einer Krankheit zu erklären, aus anthropologischen Gründen dann notwendig zu einer Erbkrankheit, unter der alle Menschen ähnlich wie an der sogenannten Erbsünde leiden, ist selbstredend Unsinn.

Wer über Grundkenntnisse der neueren Geistesgeschichte verfügt, könnte einwenden, ein so bedeutender Denker wie Kierkegaard spreche doch von einer «Krankheit» zum Tode, die dann, könnte man meinen, im fortgeschrittenen Alter zum sichtbaren Ausbruch komme. Kierkegaard, ein Theologe und Philosoph, kein Geriater, bezieht sich in der Schrift *Die Krankheit zum Tode* (1849, original: *Sygdommen til Døden*) ebenso wenig auf das Alter wie Martin Heidegger, wenn er in seinem Hauptwerk *Sein und Zeit* (1927, 2. Abschnitt) vom «Sein zum Tode» spricht. Die Bestimmungen beider Denker haben einen anthropologischen Rang, der für die konkrete Arbeit der Geriater unerheblich ist – außer dass sie entgegen mancher Allmachtsphantasie anzuerkennen haben, dass Menschen trotz einer noch so klugen Lebensführung und trotz besten ärztlichen Bemühens irgendwann sterben.

Kierkegaard geht es nicht um «eine Phase in der Lebensentwicklung eines Menschen», nicht um irgendeine biographische Auf-, dann Abwärtsbewegung. Er meint eine von aller biologischen Endlichkeit unabhängige Krankheit des Geistes, die im Unterschied zum Sterbenmüssen sich sogar heilen lässt. Als krank gilt derjenige, der einer der beiden Fehlformen menschlicher Existenz verfallen ist, der ästhetischen Existenz des Genusses (Muster: Don Juan) oder der ethischen Existenz von Freiheit (Muster: Sokrates), die sich etwa in Beruf, Ehe und Freundschaft verwirklicht. Wer sich hingegen zur wahren Existenz, zu einem Leben im christlichen Glauben, entscheide, dem gelinge, was biologisch-medizinisch unmöglich ist, er überwinde die Krankheit zum Tode.

Ärzte und Pflegepersonen hingegen sollen, ohne das Sterben-müssen zu verdrängen, ihre Berufe nachdrücklich als Disziplin nicht des Sterbens, sondern des Lebens verstehen. Das fordert nicht, der Maxime des Leibarztes von Goethe und Schiller, Christoph Wilhelm Hufeland, zu folgen und selbst dort dem Patient Hoffnung vorzuspiegeln, wo keine mehr besteht. Gemeint ist etwas anderes: Ältere Menschen dürfen weder innerhalb der Familie noch in der Gesellschaft und auch nicht in der Medizin, der Geriatrie, die Sorge haben, anderen zur Last zu fallen oder als zu kostspielig abgeschoben zu werden. Man darf doch nicht vergessen, dass die Verletzbarkeit und Zerbrechlichkeit, in fachsprachlichen Ausdrücken: die Vulnerabilität und die Fragilität, einen wesentlichen Bestandteil des Menschseins, der Conditio humana, bilden.

Wirtschaftlichkeit kontra Ethik

Wie viele Bereiche des menschlichen Lebens ist auch die Medizin Imperativen der Wirtschaftlichkeit unterworfen. Diese heben die Forderungen der Ethik aber nicht auf. Weil deren Ansprüche, wie zu Anfang bemerkt, den Geboten der Wirtschaftlichkeit widersprechen können – Ärzte wollen helfen, Kaufleute dagegen Personal und Geld sparen –, findet sich die Geriatrie so wie jede medizinische Disziplin ökonomischen Imperativen ausgesetzt.

Wir erörtern das einschlägige Spannungsfeld exemplarisch an der auch für die Geriatrie zuständigen Institution der Spitzenmedizin, dem Universitätsklinikum. In ihm pflegen die Ärzteschaft und das Pflegepersonal samt deren Zeit knapp zu sein, weshalb generell die Gefahr droht, dass – bewusst zugespitzt – die Krankenhäuser zu kranken Häusern werden, in denen die Mitarbeiter, weil überarbeitet, erschöpft und ausgelaugt sind.

Die Knappheit setzt sich in der Regel bei den Geräten, Betten und Arzneimitteln fort. Dass daher Wünsche offen bleiben, ist wegen des einführend erwähnten anthropologischen Gesetzes der Knappheit unvermeidlich. Vermeidbar ist jedoch, dass ältere Patienten schlechter als jüngere behandelt werden. Man muss hier hoffen, dass Ursula Biermanns Diagnose, obwohl sie den Druck seitens der Wirtschaftlichkeitsforderung bestätigt, trotzdem übertrieben ist: «Der Alte stirbt doch sowieso. Der alltägliche Skandal im Medizinbetrieb.» (Biermann 2009)

Findet nun die Geriatrie im Rahmen einer Universitätsklinik statt, so hat sie wie alle Universitätsmedizin drei Aufgaben zu erfüllen: die Krankenbehandlung auf dem Niveau der Maximalversorgung, die Ausbildung von Ärzten und Fachärzten und die medizinische Forschung. Alle drei Aufgaben sind auf jenem höchsten Niveau zu erfüllen, das man «Exzellenz» nennt.

Die nun erste Forderung der Ethik liegt auf der Hand und ist trotzdem nicht trivial. Die Frage, ob eine geriatrische Abteilung von jedem ihrer Mitarbeiter alle drei Aufgaben verlangt oder sich mit der Konzentration auf zwei Aufgaben begnügt, ist pragmatisch zu entscheiden. Die Abteilung als ganze hat jedoch alle drei Aufgaben zu erfüllen, wobei deren leitende Imperative, Patientenwohl, Schädigungsverbot und Recht auf Selbstbestimmung, unstrittig sind. Bei der Lehre fordert die Ethik «salus studiosi suprema lex»: im Wohlergehen des Studenten liegt das höchste Gesetz. Bei der Forschung verlangt sie unmittelbar, der Wahrheit und nichts als der Wahrheit, mittelbar aber der Diagnose und Therapie, auch der Prävention und Rehabilitation zu dienen.

Ausbildung und Forschung

Da der erste Aufgabenbereich, die Ausbildung, für eine Alterskunst wenig einschlägig ist, genügt eine überknappe Bemerkung: Assistenzärzte der Geriatrie klagen ebenso wie die anderer medizinischer Disziplinen, es gebe zu wenig erfahrene Ärzte, die als «Betreuer» die Jüngeren hinreichend anleiten. Die Erfahrung junger Ärzte ist der körperlichen, seelischen und geistigen Situation von Hochbetagten in der Regel so fern, dass Einweisung, Anleitung und Kontrolle hier besonders nötig wären. Keinesfalls genügt es, schwierige Fälle medizinisch durchzusprechen. Für eine gute Geriatrieausbildung ist jene seelische, psychische Betreuung unverzichtbar, für die es seitens der Betreuer viel Zeit braucht.

Für die zweite Aufgabe, die Forschung, gehe ich nur auf eine erst neuerdings aktuelle Frage ein, die nach der geeigneten Trägerschaft. Der Anlass war ethisch hochbrisant: Weil Deutschland in mancherlei Hinsicht über seine Verhältnisse lebt, hat das Land so enorme Schulden angesammelt, dass ein Kernbereich der Ethik, die Gerechtigkeit gegen künftige Generationen, auf eine für die Institutionen der Medizin eigentümliche Weise verletzt wird: Unter anderem durch die Kürzung der staatlichen

Krankenhaus-Zuschüsse hat sich vielerorts ein enormer Investitionsbedarf aufgestaut. Einem Gutachten des früheren «Wirtschaftsweisen» Bert Rürup zufolge stellen die Bundesländer im Jahr 1991 noch 3,6 Milliarden Euro, 15 Jahre später aber nur 2,7 Milliarden bereit, was sich auf eine reale Kürzung um circa 45 Prozent beläuft.

Früher gab es für deutsche Krankenhäuser zwar vier Träger: zusätzlich zu den (1) Kirchen, (2) den Kommunen oder Kreisen und (3) den Bundesländern noch (4) gemeinnützige Stiftungen, Universitätskliniken lagen aber ausschließlich in staatlicher Hand. Durch den Investitionsmangel veranlasst, erprobt man seit einiger Zeit neue Modelle. Das Extrem ist aus Gießen und Marburg bekannt, wo man, euphemistisch «Systemwechsel» genannt, die Universitätskliniken einem privaten Träger übergab, was den Kliniken den Weg zu privaten Investitionen ermöglichen sollte.

Ein generelles Misstrauen gegen private Träger hegt eine philosophische Ethik nicht, sie beharrt aber darauf, dass keine der genannten Aufgaben vernachlässigt werden darf. Die für Universitätskliniken unverzichtbare Aufgabe einer hochrangigen Forschung ist bekanntlich kostenintensiv, daher selten wirtschaftlich. Das Beispiel einer gelungenen privaten Juristen-Hochschule, der Hamburger Bucerius Law School, zeigt, dass man zwar in Lehre und Studentenschaft ausweislich der weit überdurchschnittlich guten Absolventen hervorragend sein kann, die Forschung jedoch eher zu kurz kommt. Kann man erwarten, dass die weit kostspieligere medizinische Forschung im Allgemeinen und die der Geriatrie im Besonderen ohne kräftige öffentliche Zuschüsse auskommt?

Zur Exzellenz der Forschung gehört übrigens eine kostenneutrale Exzellenz, sichtbar in einer richtigen Einschätzung der Möglichkeiten: Einer Pharmawerbung mag es erlaubt sein, ein Leben zu versprechen, «in dem es außer Liebeskummer keine Herzleiden mehr gibt». Die darin liegende Hybris sollte die Medizin sich versagen.

Krankenversorgung

Bei der dritten, aber keineswegs drittrangigen Aufgabe, der Krankenversorgung, stößt, wer sich kundig macht, auf ein erstaunliches Phänomen: Klinikdirektorinnen und -direktoren denken bei «Exzellenz» nur an Forschung. Taucht sie, so die naive Rückfrage, bei der Diagnose und der Therapie von Patienten nicht auf? Nach aller Erfahrung gibt es gute, sehr gute, sogar begnadete Diagnostiker. Dasselbe trifft für die Therapieseite zu, deutlich bei Operationen, vermutlich auch in der Geriatrie.

Die ersten Anforderungen an die geriatrische Krankenversorgung sind bescheiden. Sie bestehen in den bekannten, oft verächtlich angesehenen Sekundärtugenden von Sorgfalt, Aufmerksamkeit und Gründlichkeit sowie ständiger Fortbildung.

Ernste Gefahren tauchen anderswo, etwa bei den standardisierten Programmen, auf, die angeblich drei Zielen zugleich dienen: der Qualitätssicherung, der Berechenbarkeit und der Verminderung der Kosten. In standardisierten Handlungsanweisungen liegt jedoch eine Reglementierung, von der schon der Laie erwartet, was der Präsident der Deutschen Gesellschaft für Verdauungs- und Stoffwechselkrankheiten ausspricht und für die Geriatrie noch stärker zutreffen dürfte: Man wird dem konkreten Patienten schon deshalb nicht gerecht, weil er selten an nur einer Krankheit leidet.

Ein zweites, jetzt sozialethisches Problem schafft der Gesetzgeber, wenn er vom Arzt fordert, das Notwendige zu leisten, ihm aber nur das Finanzierbare honoriert. Hier besteht, was man andernorts eine «Gerechtigkeitslücke» nennt. Gegen die Gerechtigkeit wird auch dort verstoßen, wo man von den Assistenzärzten zahllose Überstunden verlangt, aber nur einen kleinen Teil vergütet.

Eine dritte Gefahr besteht in einer von Wirtschaftlichkeit forcierten Entwicklung, die die Geriatrie benachteiligen dürfte: Für ein Gesamtklinikum sind jene jungen, im Wesentlichen gesunden Patienten lukrativ, die sich lediglich einigen ausgewählten Eingriffen wie etwa einer Endoskopie, einer Blasen-, Gelenk-, Magenspiegelung usw. unterziehen, aber nicht, wie in der Geriatrie die Regel, eine langwierige und personalintensive Behandlung benötigen.

Eine vierte Gefahr dürfte erneut die Altersheilkunde besonders stark treffen: Um die Kosten zu senken, versucht man die Verweildauer in der Klinik zu verkürzen. Geriatrische Patienten pflegen jedoch wegen ihrer Multimorbidität lange Behandlungszeiten zu erfordern.

Zusätzlich stellt sich eine wirtschaftlichkeitsneutrale, in der Geriatrie vermutlich besonders aktuelle Frage: Trägt jede medizinisch denkbare Maßnahme auch zur positiven Leitaufgabe der Medizin, dem Wohl des Patienten, bei? Aus Gesprächen mit erfahrenen Ärzten kennt mittlerweile selbst der Laie die konkreten Fälle, zum Bei-

spiel eine trotz höchst geringer Überlebenschancen eingeleitete maximale chirurgische Notfallmedizin. Ähnliches
gilt für eine maximale apparative Diagnostik, die für den
weiteren Erkrankungsverlauf keine wesentlichen Erkenntnisse liefert, da der Patient mit an Sicherheit grenzender
Wahrscheinlichkeit in Kürze stirbt. Nicht zuletzt gibt es
ein unnötig ausgedehntes Konsilswesen: Manche Frage
des Internisten an den Anästhesisten, ob der Patient mit
nichttheilbarem Tumorleiden noch narkosefähig sei, ver-
meidet lediglich das heikle Gespräch über die Sinn-
losigkeit weiterer diagnostischer und therapeutischer
Maßnahmen.

Bei all diesen Fällen sind diejenigen Ärzte als exzellent
einzuschätzen, die zu einer Optimal- statt einer Maxi-
maltherapie fähig sind. Maximieren meint, eine gewisse
Einzelsache maximal erreichen wollen. Nun kommt es bei
der geriatrischen Alterskunst nicht anders als generell im
menschlichen Leben in der Regel auf mehrere Gesichtspunkte an. Optimieren heißt dann, die verschiedenen
Gesichtspunkte zu berücksichtigen, ihr relatives Gewicht
einzuschätzen und eine nicht atomar, sondern gesamt-
haft beste Entscheidung zu treffen. Namentlich bei Hochbetagten schließt sie eine Kunst des Unterlassens ein, für
die es eine Urteilskraft, eine geriatrische Klugheit,
braucht, die im Blick auf das Patientenwohl entscheidet,
wo man noch tätig werden soll und wo man auf Tätigkeit
besser verzichtet.

Die entsprechende Optimierung ist nicht etwa wegen
knapper Ressourcen geboten. Man braucht zwar «Muße
im Kopf», während eine Entscheidung für Maximierung
rascher, im Fall sklavisch befolgter Behandlungspfade so-

gar so gut wie ohne Überlegung getroffen werden kann. Durch Unterlassen von optimierungsschädlichen Maßnahmen dürften jedoch die Kosten der «Muße im Kopf» aufgewogen werden. Allerdings kommt es auf den finanziellen Ausgleich, einen positiven Saldo, nicht an. Wichtiger als die übermächtige Kostenfrage ist die Notwendigkeit eines neuen, nicht länger ausschließlich auf spezialistische Maximierung orientierten Arztbildes. Weil für die Altersheilkunde die Interdisziplinarität wesentlich ist, sollte ihr diese Neuorientierung leichter fallen.

Um dieses Kapitel mit einem Vorschlag von visionärem Potential zu beschließen: In der Krankenversorgung diene eine geriatrische Klinik der gegenwärtigen Generation, hier sowohl dem somatischen als auch psychischen und sozialen Leid ihrer Patienten. In der Lehre bilde sie das dazu fähige und bereite künftige Ärzte- und Pflegepersonal aus. Und weil sie mit der hoffentlich nicht nur somatischen Forschung die verbesserte Krankenversorgung von Morgen und Übermorgen vorbereitet, wünscht man sich für die Universitätsgeriatrie, was der gesamten Geriatrie zugutekommt, nämlich dass trotz knapper Ressourcen alle drei Aufgaben, Lehre, Forschung und Patientenbetreuung, in Exzellenz erfüllt werden.

Ein Nachwort zur Demenz

Zu den Dingen, die die Menschen von heute am meisten fürchten, gehören neurologische Erkrankungen wie die Demenz. In den zwei Formen, als vaskuläre Demenz wegen Durchblutungsstörungen und als neurodegenerative Demenz, werden Stück um Stück verschiedene Hirnareale zerstört, wodurch die geistige Leistungs- und soziale Kommunikationsfähigkeit mehr und mehr verlorengeht. Am Ende bleibt ein beklagenswerter Torso übrig: Man hat sich selbst mitsamt seinen Erinnerungen vergessen; vertraute Menschen sind fremd geworden; man bekommt Angst und halluziniert; und wenn eine Situation einen überfordert, schreit man oder schlägt um sich. Um den Buchtitel von Arno Geigers Geschichte seines Vaters abzuwandeln: «Der alte König wandert nicht etwa freiwillig, sondern von einem inneren Außen gezwungen ins Exil.»

Heute leidet in Deutschland unter den Hochbetagten, den 85-bis 89-Jährigen schon knapp ein Viertel, von den ab 90-Jährigen sogar mehr als ein Drittel an Demenz (hier nach Kruse 2005, 43; wesentliche Veränderungen dürfte es hier kaum geben).

Eine Einschätzung des Krankheitsbildes darf allerdings eines nicht übersehen: Die Demenz ist kein plötzlicher und dann vollständiger Fall ins absolute Dunkel. Die Person wird nicht «über Nacht» ein neuronales Nichts, das nur noch biologisch weiterlebt. Von welchen Neuronen, müsste man sich fragen, wird sie denn noch gesteuert? Wer biologisch noch weiterlebt, kann kaum sein Gehirn vollständig verloren haben.

Zudem findet nur selten eine stetige Abwärtsentwicklung statt. Vielmehr lösen sich Wellen erneuter Klarheit mit Wellen weiterer Einbußen ab. Außerdem darf man nicht übersehen, dass auch Demenzkranke Gefühle haben, die sie auszudrücken vermögen. Nur in allerschwersten Fällen dürfte eine mitleiderregende Nietzsche-Passage sinngemäß zutreffen. Eine schwerst demente Person weiß nicht, was Gestern, was Heute ist. Gefragt, «warum redest du mir nicht von deinem Glücke und siehst mich nur an?» will die Person «antworten und sagen, das kommt daher, dass ich immer gleich vergesse, was ich sagen wollte – da vergass es aber auch schon diese Antwort und schwieg» (*Vom Nutzen und Nachtheil der Historie für das Leben*, Abschn. 1, 1. Abs.). Glücklicherweise tritt die Demenz so grausam recht selten auf.

Bei der Frage, wie mit Demenzkranken umzugehen ist, kann man auf das «Heidelberger Instrument zur Erfassung von Lebensqualität» (H. I. L. DE) zurückgreifen, auch wenn weder die Vollständigkeit noch die Systematik unmittelbar ins Auge springt. Das Heidelberger Instrument umfasst acht Dimensionen von Lebensqualität: räumliche Umwelt, soziale Umwelt, Betreuungsqualität, Verhaltenskompetenz, medizinisch-funktionaler Status, kognitiver Status, Psychopathologie und Verhaltensauffälligkeiten sowie subjektives Erleben und emotionale Befindlichkeit (Becker u. a. 2005, 108). Die daraus folgenden Aufgaben sind nicht schwer zu bestimmen. Je nach der individuellen Situation des Erkrankten, also etwa seiner seelischen Befindlichkeit, der noch verbleibenden Handlungs- und Urteilsfähigkeit, soll man, sei es zuhause, sei es in einem Heim, versuchen, die räumliche und die soziale Umwelt möglichst stabil zu halten und eine hohe Qualität und Intensität der Betreuung und Zuwendung sicherzustellen.

Es versteht sich, dass das hippokratische Leitprinzip «salus aegroti» auch für Demenzkranke gilt. Noch wichtiger als eine «demenzfreundliche Architektur» ist ein Pflegepersonal mit klinischem Wissen und liebevoller

Zuneigung. Um das Wohlergehen von Demenzkranken zu fördern, kann man ihnen zum Beispiel mit Musik helfen, denn sie wirkt wie ein Transformator, der nicht die Gesamtsituation, aber die Grundstimmung verbessert. Das Glücksgefühl, das sich beim Musikhören, Singen und Tanzen einstellt, hält länger als nur einige Stunden an, hilft überdies, das Fortschreiten der Demenz hinauszuzögern.

Offensichtlich bleibt auch das zweite medizinethische Leitprinzip, keinesfalls zu schaden, gültig, nicht zuletzt das dritte Prinzip, das der Selbstbestimmung, obwohl die Anwendbarkeit bei schwereren Fällen strittig sein dürfte (vgl. Schroth 2011 und Wunder 2008). Hier empfiehlt sich zweierlei. Einerseits muss man das Prinzip der Selbstbestimmung nicht immer höchst anspruchsvoll verstehen; man kann auch einen komparativen (Mehr-oder-weniger-)Begriff bilden. Andererseits sind die Dokumente früherer Selbstbestimmung, die Patientenverfügungen, anzuerkennen, einschließlich deren häufigen Tenors: keine Zu-viel-Behandlung.

Dass es schwierige Situationen gibt, ist bekannt. Beispielsweise tritt bei jemandem, der in seiner Patientenverfügung jede künstliche Ernährung ablehnt, eine Psychose auf, nämlich die Angst, alle, auch eine natürliche Nahrung, sei vergiftet. Dann ist als erstes die Psychose zu behandeln, damit die Angst vor Vergiftung verschwindet. Zweitens kann man sich eine vorübergehende künstliche Ernährung als Substitut der gewollten natürlichen Ernährung überlegen.

Ferner muss man den mutmaßlichen Willen erkunden, wobei, zeigen prominente Beispiele, der früher erklärte

Wille nicht dem sichtbar bleibenden Lebenswillen entsprechen muss. Beim Erkunden des mutmaßlichen Willens muss man sich jedenfalls Mühe machen, keinesfalls darf man sich eigenen Vorurteilen hingeben.

Nicht zuletzt ist als viertes Prinzip die Gerechtigkeit anzuerkennen: Man darf Demenzkranke im Vergleich zu anderen Patienten nicht schlechter behandeln, sie vor allem nicht unterversorgen. Sie bleiben Menschen, die sowohl organische Hilfe als auch emotionale und soziale Zuwendung verdienen. Auch wollen sie gefragt bleiben und lieber im Licht statt im Schatten stehen. Daher sei die «geriatrische» Variante der Goldenen Regel der Altersethik abschließend in Erinnerung gerufen: «Behandle hilfsbedürftig gewordene Menschen wie die an Demenz Erkrankten so, wie Du als Kind und Jugendlicher von den Erwachsenen behandelt werden willst!»

8. Wenn es zum Sterben kommt 1: Das Lebensende planen?

Die Sterblichkeit nicht verdrängen

Für die meisten Kulturen und für zahllose Individuen ist der Tod eine Geißel, der sie zu entrinnen trachten, obwohl doch das Durchschnittsalter unserer Gattung schon zu den höchsten im Tierreich gehört und die Lebenserwartung noch stetig gewachsen ist. Selbst wenn sich, wie einige erhoffen, die bislang «natürliche» Lebensgrenze von etwa 120 Jahren um Jahrzehnte verschieben sollte, wissen wir, dass das Sterben uns von den Göttern unterscheidet, in den Worten eines Freundes: «Den Tod wird es geben – / Das weiß man im Leben! / Man soll't ihn gelassen / erwarten – nicht hassen – / Er kommt sowieso, / das macht zwar nicht froh, / doch ist er nun eben / ein Teil in unserem Leben!» In anderen Worten: Wie alle Tiere sind auch die Menschen nicht nur Lebewesen, sondern ebenso Sterbewesen.

Obwohl in existentieller Hinsicht eine Grenzerfahrung, bleibt das Sterben ein Alltagsphänomen, das die Alterskunst nicht vernachlässigen darf. Im Gegenteil vollendet sie sich erst in jener Kunst zu sterben (vgl. Hügli 1998), die der Philosophie als *ars moriendi* vertraut ist und weder einen leichtfertigen Umgang mit dem Leben noch Lebensüberdruss meint, sondern vielmehr die Fähigkeit zur *commentatio mortis*, zu der aus reiflicher Überlegung erfolgenden freien Anerkennung, zu einer Gelassenheit angesichts eines baldigen Sterbens (vgl. Cicero, *Gespräche in Tusculum*, Buch I; vorher Platon, *Phaidon* 64 a und 80 e; in anderer Weise Epikur und Epikureer wie Lukrez, *De rerum natura* III 37; nicht zuletzt Boëthius' *Trost der Philosophie*; zur (An-)Klage über den frühen Tod seiner Frau vgl. Johannes v. Tepl ca. 1400: *Der Ackermann und der Tod*).

Lange Zeit herrschte die in einem Kirchenlied angesprochene Erfahrung vor: «Mitten im Leben sind wir vom Tod umfangen.» In Zeiten, in denen Seuchen, Kriege, nicht zuletzt wegen Heuschrecken und Missernten Hungersnot drohten, in denen in Städten und auf dem Land schlimme sanitäre und hygienische Verhältnisse vorherrschten, in denen man bei Krankheiten und Unfällen nicht mit einer auch nur annähernd hinreichenden Hilfe von Seiten der Medizin und ihrer Heilmittel rechnen konnte, in denen die hohe Säuglings- und Müttersterblichkeit noch hinzukam, in diesen Zeiten hatte die genannte Erfahrung den Rang einer Lebensweisheit.

Heute, da mindestens in wohlhabenderen Gesellschaften diese Zeiten vorbei sind, ist ein unvorhergesehenes Sterben zwar nicht ausgeschlossen, da niemand gegen einen Verkehrs- oder Sportunfall, gegen eine Gewalttat, eine rasch verlaufende Krebserkrankung oder einen Herzinfarkt prinzipiell gefeit ist. Noch heute verhält es sich beim Tod in unseren Breiten wie mit dem ersten Schnee: Man weiß, er wird kommen, der Zeitpunkt des Eintreffens ist aber unbekannt.

Die Wahrscheinlichkeit, jung zu sterben, ist jedoch erfreulich gering geworden; dankbarerweise meldet sich der Tod bei vielen erst im hohen Alter. Man muss freilich hinzusetzen: in der westlichen Hemisphäre. Denn andernorts sterben viele Menschen im Krieg oder auf der Flucht, durch Naturkatastrophen, Hunger oder aufgrund von Epidemien. In unseren wohlhabenden Gesellschaften leben jedoch die meisten in verstädterten, anonymisierten, industrialisierten und leistungsorientierten, dabei selbst auf dem Land medizinisch sehr gut ausgestatteten Verhältnissen. Gleichwohl scheint das Älterwerden und Sterbenmüssen kaum irgendwo erfreulich zu sein.

Eine Anekdote bringt es auf den Punkt: Ein hundert Jahre alter Mann wird gefragt: «Wie war es, dein Leben?» Seine Antwort: «Wie ein Glas Wasser – ich habe es ausgetrunken und habe doch immer noch Durst.» Andererseits ist es nicht wenigen Menschen vergönnt, mit der Anfangszeile von Rainer Maria Rilkes Gedicht «Herbsttag» sagen zu können: «Herr: es ist Zeit. Der Sommer war sehr groß.» Kann, wer so empfindet, das nicht mehr ferne Lebensende planen? Die Philosophie ist dagegen skeptisch, wie sie überhaupt bezweifelt, dass die existentiell wichtigen Dinge sich planen lassen. Sein Leben unüberlegt, auf gut Glück führen zu müssen, folgert sie daraus aber nicht.

Zum Beispiel Boëthius' *Trost der Philosophie*

Philosophen kennen eine besondere Form von Induktion: An einem sprechenden Beispiel arbeiten sie wesentliche Dinge heraus. Das hier gewählte Beispiel stellt einen Politiker aus römischem Hochadel vor, der zu Unrecht des Staatsverrats angeklagt, in den Kerker geworfen wird und dort der Hinrichtung harrt. Während der philosophisch hochgebildete Senator, sogar Reichskanzler, auf die Vollstreckung des Todesurteils wartet, verfasst er, Boëthius, eine der über Jahrhunderte meistgelesenen philosophischen Schriften, einen Long- und Bestseller: *Vom Trost der Philosophie.*

Boëthius schildert ein Verlaufsmuster, wie der Mensch, dieses vernunftbegabte Lebewesen, mit einem angekündigten Tod klug umgehen kann: Wegen seiner animalischen Seite ist er im wörtlichen Sinn tödlich verletzbar. Als Vernunftwesen braucht er dies, die Sterblichkeit, aber nicht schlicht hinzunehmen: er kann sich mit dem Tod auseinandersetzen, ihn vielleicht sogar anerkennen. In Boëthius' Text findet nun genau dieses statt: die Auseinandersetzung mit einem angekündigten Tod, die in dessen Anerkennung mündet.

Das geschilderte Muster beläuft sich auf eine Therapie, näherhin eine Selbsttherapie, aber nicht medizinischer Art. Der zum Tode Verurteilte nimmt vielmehr an sich eine Psychotherapie vor, unterstützt von einem Seelenarzt, Frau Philosophia. Diese holt ihren Patienten dort ab, wo er sich zunächst befindet, im Zustand der Empörung: Warum hat dieses Schicksal mich, einen zudem Unschuldigen, getroffen? Diese Besonderheit, ein Justizmord, ist aber nicht entscheidend, denn bei einer letalen Diagnose verhält es sich im Kern nicht anders: Man hat in Kürze zu sterben.

Bekanntlich treten wir ungefragt ins Leben, in existenzphilosophischer Sprache werden wir in die Welt geworfen. Wer nun im medizinischen oder im rechtlichen Sinn zum Tod verurteilt wird, der findet sich nicht «in» die Welt, sondern «aus» der Welt geworfen. Als emotionale Reaktion ist mit Empörung und Verbitterung zu rechnen, die allerdings, weil diese Reaktion wenig hilft, bald einem Traurigsein weicht.

In *Trost der Philosophie* führt die Seelenärztin ihren zunächst von Empörung, später von Trauer erschütterten Patienten schrittweise zum Freiwerden von Bitterkeit und schließlich zum Einverständnis mit dem unabwendbaren Schicksal. Dabei lernt man, dass das wahre Glück nicht im äußeren Schicksal, der launischen Fortuna, sondern im Inneren des Menschen, seinem sittlichen Wert, liegt. Infolgedessen planen Philosophen das Lebensende, indem sie ihr Leben planen, nämlich vorbildliche Haltungen, Tugenden, einüben, insbesondere eine Gelassenheit, die sich nicht mit Gewalt an das Leben klammert, vielmehr, wenn es so weit ist, dem Lebensende frei zustimmt.

Systematische Überlegungen

Mit dieser «Botschaft» kann man sich von Boëthius verabschieden und neu, jetzt systematisch ansetzen: Offenbar hat der Mensch ein natürliches Verlangen nach Glück, das sich freilich schwerlich planen lässt. Blickt man auf die heute so wichtige Arbeits- und Berufsgesellschaft, so kann man zwar seine Ausbildung planen, aber nicht deren Zweck, eine Stelle im Berufsleben. Noch weniger planbar ist deren eudaimonistischer Sinn: sich zu entfalten, dabei Selbstachtung und Anerkennung, nicht zuletzt eine angemessene Vergütung zu finden. Denn über die dafür entscheidenden Faktoren wie das Verhalten von Kollegen, Vorgesetzten und Mitarbeitern, wie die Entlohnung, auch positiven oder negativen Stress, besitzt niemand volle Verfügung.

Etwas anderes, das Einüben von jenen vorbildlichen Einstellungen, Tugenden, die die Chancen zum Glück kräftig erhöhen, lässt sich jedoch deutlich in die Hand nehmen. Eudaimonieförderlich ist zum Beispiel bei nachlassender Vitalität die Haltung der Besonnenheit und der Ehrlichkeit gegen sich; angesichts schmerzlicher Diagnosen besteht sie in Courage; und im Wissen, dass grausame Schicksalsschläge eintreten können, ist eine Gelassenheit gefordert, die selbst vor der Ankündigung, bald sterben zu müssen, nicht kapituliert.

Ein bekannter Theologe, Hans Küng, stellt sein erneutes Nachdenken über das Lebensende unter den Titel «Glücklich Sterben» (2014). Vorsichtigerweise setzt er zwar ein Fragezeichen dahinter, trotz dieser Vorsicht greift der Titel zu hoch. Überhaupt sterben zu müssen, hält wohl niemand, und die nähere Art zu sterben kaum jemand für glücklich. Treffender ist es, von einem «guten Sterben» oder «würdigen Sterben» zu sprechen oder, klugerweise mit einem Fragezeichen versehen, von einem «guten Tod» (Philosophie Magazin, Reclam Verlag 2018).

Soziale Üblichkeiten, die die entsprechende Aufgabe erleichtern, haben in der Moderne mehr und mehr an Kraft verloren: Kollektive Rituale im Umgang mit Sterben und Tod sind den heutigen, weithin säkularen Zeitgenossen fremd geworden. Die Fähigkeit, mit Sterbenden, deren Angehörigen, später mit den Hinterbliebenen, ein mehr als nur von Floskel-Worten getragenes Gespräch zu führen, ist geschwunden. Die mangelnde Sprachfähigkeit tritt auch in Todesanzeigen und Beileidbriefen zutage. Der Tod wird in der Regel nicht direkt genannt, sondern quasi-poetisch umschrieben: Jemand ist «von uns gegangen» oder «friedlich im Kreis seiner Angehörigen entschlafen» oder «hat seine letzte Wanderung angetreten». Und wenn die letzte Lebensphase nicht so friedlich verlief, folgen die als Trost – aber für wen: für den Verstorbenen oder für dessen Hinterbliebene? – gemeinten Worte «nach langer schwerer Krankheit von den Schmerzen / dem Leiden erlöst».

Glücklicherweise findet man in religiösen und literarischen Texten nach Gehalt und Formulierungskunst überragende Passagen. Von den Erzählungen sei lediglich ein Beispiel, Thomas Manns auch verfilmte Novelle *Tod in Venedig*, erwähnt, von neueren Veröffentlichungen die vom US-Chirurgen Atul Gawande verfasste Schrift *Being Mortal. Medicine and What Matters in the End* (2014), ferner von Christiane Frohmann das elektronische Buch: *Tausend Tode schreiben* (2015; zur Sicht Sterbender siehe Renz 2000, vorher Kübler-Ross 1971, s. auch Nigg 1985; aus der weitläufigen Debatte über das Sterben s. Borasio 2011, Bormann/Borasio 2012).

Sieben Strategien

Für die Auseinandersetzung mit der eigenen Sterblichkeit gibt es zahlreiche Verhaltensstrategien. Nach einer ersten, antiken, nachdrücklich von Sokrates verfochtenen Strategie lerne man zu sterben, indem man, was man für das Wichtigste hält, ein moralisch gutes Leben, tatsächlich führt. Hier beginnt das Sterbenlernen schon in der Jugend. Man muss zwar nicht, lebensfremd, so früh an das schließliche Sterben denken, wohl aber sollte man sich in ein rechtschaffenes Leben einüben. Die Frage, wie wir sterben wollen, hängt nämlich mit der vertrauteren Frage zusammen: Wie wollen wir leben?

Bemerkenswerterweise kommt dem ein anderer Philosoph nahe, der von vielen als Hedonist, als Vertreter bloßen Vergnügens, geschmäht, von anderen hingegen wegen der freundschaftlichen Atmosphäre in seiner Schule bewundert wird, der schon erwähnte Epikur: «Wer aber mahnt, der Jüngling solle schön leben, der Greis schön sterben, der ist naiv», denn «die Bemühung um ein schönes Leben und einen schönen Tod [ist] dieselbe» (*Brief an Menoikeus*, Abschn. 126). Wem das rechtschaffene Leben gelingt, der braucht selbst bei einem «verfrühten» Sterben nichts zu bedauern, denn das Entscheidende, ein rechtschaffenes Leben, hat er schon getan.

Laut einer zweiten, bei Cicero anklingenden Strategie ist der Mensch mit Hilfe eigener und lediglich eigener Leistung zu einer Art Unsterblichkeit fähig. Darauf hoffen viele Schriftsteller und Künstler, auch Philosophen, Unternehmer, Staatsmänner und Feldherren: dass ihre Werke die eigene Lebenszeit weit überdauern. Nach der moralischen Variante, einer Art von Selbsterlösung, bedarf der Mensch keinerlei göttlicher Gnade. Laut Platon beispielsweise kann und soll die Seele sich von den Begierden des Leibes lösen, die reine Erkenntnis der Ideen einüben, so dass sie nach dem Tod in die Geisterwelt aufzusteigen vermag, statt als Schatten umherzuirren und in die Welt des Körperlichen wieder abzusinken.

Gemäß einer dritten, der stoisch beeinflussten Strategie von Michel de Montaigne soll man «allezeit gestiefelt und reisefertig» sein. «Que philosopher, c'est apprendre à mourir»: «Philosophieren heißt sterben lernen» (*Essais* I, 20, in: *Œuvres complètes*, 81). Das setzt allerdings voraus, dass man keine langfristigen Lebenspläne hat oder dass deren Bedeutung angesichts der Erwartung des Jenseits verblasst. Montaigne erklärt in einem späteren Essay, nicht der Tod, sondern das Leben sei Ziel des Lebens, so dass, wer ruhig zu leben wusste, auch ohne ängstliche Gedanken an den Tod zu sterben vermöge (*Essais*, III 12, ebd. 128; ähnlich Spinoza, *Ethik* IV, Lehrsatz 67).

Nach einer vierten Strategie versucht man, sich nicht allzu wichtig zu nehmen und «sich innerhalb der Welt an den Rand zu stellen» (Tugendhat 2003). Allerdings bleibt man für andere, etwa für Kollegen und Freunde, wichtig, für einen Lebenspartner, für Eltern und Kinder sogar so gut wie unersetzbar.

Nach einer fünften, von mir einmal vorgeschlagenen, aber schon aus der Stoa bekannten Strategie, lerne man, selbst böse Widerfahrnisse in ein insgesamt gelungenes, glückliches Leben zu integrieren (Höffe 2007, 171 ff.). Hier besteht die Sterbekunst in der Fähigkeit, wenn diese Zeit gekommen ist, gelassen, vielleicht sogar heiter zu sterben. Diese Gelassenheit, kein Zeichen von Nachgiebigkeit und Schwäche, sondern Ausdruck von Ich-Stärke, müssen Erwachsene allerdings mühsam lernen, während Kinder häufig über sie wie von allein verfügen. Denn noch nicht so lange auf der Welt, klammern sie sich an sie nicht so starr und ängstlich wie viele Erwachsene.

Eine sechste Strategie folgt der von Epikur über die Stoa bis zu Descartes vertretenen Lebensmaxime, den Tod nicht zu fürchten. Die dazu vorgebrachten Argumente mögen überzeugen: dass entweder auf den Tod nichts folgt oder aber, was allerdings die Vorstellung eines Jüngsten Gerichtes bezweifelt, ein Jenseits, das zumindest nicht schrecklich ist. Trotzdem kann man aber vor dem Sterben Angst haben, bis hin zu einem *horror mortis,* einer panischen Angst vor dem Tod, da er mit Schmerzen und Einsamkeit verbunden sein kann. Bevor die Stunde des Todes geschlagen hat, weiß kein Mensch, wie mutig er dann sein wird.

All diesen Strategien ist die innere Euthanasie gemeinsam, auf die schon Schopenhauer hinweist (s. o. Kap. 5). Denn «Euthanasie», vergisst man gern, heißt wörtlich: ein guter, sanfter Tod. Nach den skizzierten Strategien erreicht man dieses Ziel durch eine aus dem Inneren kommende Eigenleistung, was ein höheres Maß von Freiheit beweist als die externen Leistungen der Naturwissenschaft, Medizin und Technik, auf die die Moderne sich lieber verlässt.

Darin deutet sich schon die siebente Strategie an, deren Anfänge zwar bis auf Bacon zurückgehen, aber erst neuerdings das vorherrschende Muster sein dürfte. An die Stelle der inneren soll jene «äußere Euthanasie» treten, die mittels ärztlicher Kunst, beim Frei-Tod freilich mit eigener Hand, den Sterbenden «leichter und sanfter aus dem Leben scheiden» lässt. Nach einer Bevölkerungsbefragung zum Thema «Sterben in Deutschland» des Deutschen Hospiz- und Palliativverbandes hat man allerdings heute am meisten Angst vor Schmerzen und davor, hilflos einer «Apparatemedizin» ausgeliefert zu sein. Man traut also nicht den doch beachtlichen Fortschritten der Palliativmedizin, und man befürchtet, am

Lebensende werde der Blick allzu stark auf die medizinische Hilfe verkürzt und diese ihrerseits noch verengt.

Grundmuster des Sterbens

Wie für das Leben so gibt es auch für das Sterben eine Fülle von Möglichkeiten, die sich hier auf vier Grundmuster vereinfachen lassen: (1) auf den raschen Tod etwa aufgrund eines Unfalls, eines Herzinfarkts oder eines Gehirnschlags; (2) auf den in seinem Verlauf überschaubaren Sterbeprozess, der bei einer weder heilbaren noch erheblich aufhaltbaren Erkrankung, etwa bei tödlichem Krebs, mancherorts auch wegen der Todesstrafe gegeben ist; (3) auf den Tod bei vielfältigem, multiplem Organversagen; schließlich (4) auf den Tod aus Altersschwäche. Es gibt also erstens den plötzlichen, zweitens den angekündigten, drittens den zu befürchtenden und viertens den zu erwartenden Tod. Nehmen wir uns die einzelnen Muster vor.

Der plötzliche Tod. Die Erfahrung lehrt, dass trotz gestiegener Lebenserwartung hier die erwähnte Lebensweisheit ihr Recht behält: «Mitten im Leben sind wir vom Tod umfangen.» Im Mittelalter galt der heilige Christophorus nicht nur als Nothelfer gegen Hagelschlag und als Schutzpatron für Schiffsleute. Man rief ihn auch an, um vor einem plötzlichen Tod verschont zu werden, also nicht jäh, unvorbereitet aus dem Leben zu scheiden.

Zweifellos kann man den plötzlichen Tod nicht planen, wohl aber einplanen: Zu beginnen ist mit einem Vorplanen. Zum Beispiel gehe man keine Risiken ein, deren ungünstige Folgen man, könnte man bei einem plötzlichen Tod zurückblicken, bedauern würde. Über gewisse Dinge, die man getan oder die man unterlassen hat, würde man sich vermutlich sogar schämen. Dieser Umstand bekräftigt die Sokratische Strategie, das gute Sterben entscheide sich im rechtschaffenen Leben.

Viele halten es für wünschenswert, von einem Augenblick zum anderen umzufallen, ohne Schmerzen, vor allem ohne den Schrecken, bald sterben zu müssen. Unterschlagen darf man hier aber nicht, dass man dann gewisse Verantwortlichkeiten nicht mehr zu Ende bringen, auch nicht sein Leben Revue passieren und gegebenenfalls manches Getane oder Versäumte «in Ordnung bringen» kann. Wer noch einige Zeit lebt, hat die Chance, Ungesagtes auszusprechen, Ungeklärtes zu klären und «mit sich ins Reine zu kommen», mit sich selber, mit der Familie und mit den Freunden.

Schließlich können die Sterbenden sich nicht von ihrer Familie und ihren Freunden verabschieden. In Lluís Llachs Roman *Die Frauen von La Principal* ist ein junger Mann, der seine Eltern bei einem Schiffbruch verloren hat, erschüttert (hier etwas gekürzt), «weil ein solcher Tod mit einem Schlag Verbindungen zerbricht, Pläne zunichtemacht und immer schwerer zu verkraften ist als ein angekündigter Tod ... Worüber ich nicht hinwegkomme ist, mich nicht von ihnen verabschiedet zu haben, nicht im letzten Augenblick an ihrer Seite gewesen zu sein.» (2016, 169 f.)

Der angekündigte Tod. Das zweite Muster, der nach einer letalen Diagnose sich hinziehende Sterbensprozess, ist in den westlichen Ländern beinahe zum Regelfall geworden. Das dann Wichtigste ist, «in gute Hände» zu geraten, nämlich die Diagnose von einem Arzt zu erfahren, der die Schreckensnachricht auf schonende Weise überbringt und der nicht durch den Beginn einer weiteren Therapie falsche Hoffnungen weckt:

Statt seine Ohnmacht angesichts der Übermacht des Todes unter einem «therapeutischen Aktivismus» zu verstecken, nehme man sich die Zeit für eine wahrheitsgemäße, zugleich feinfühlige Aufklärung. «Nackte Ehrlichkeit» mag zwar leichter sein, ist aber unbarmherzig; zudem verstößt sie gegen das Patientenwohl. Die humane Aufklärung schließt die Kunst des Unterlassens ein. Statt jede belastende und mit geringen Erfolgsaussichten durchführbare Therapiemöglichkeit gedanklich auszubreiten, rät die Sorge für das Wohl des Patienten, diesem manche Entscheidung zu ersparen.

Ebenso wünschenswert ist, Schmerzen zu lindern, Durst zu löschen und eine etwaige Atemnot zu beheben. Nicht zuletzt wünscht man sich, worauf eine Palliativversorgung nach ihrem anspruchsvollen Begriff abzielt: Bei nichtheilbaren Erkrankungen den Patienten jene bestmögliche Lebensqualität zu ermöglichen, die sich mit der rein medizinischen Seite nicht zufrieden gibt.

Beginnen wir mit der emotionalen Seite: Wie jemand auf eine letale Diagnose reagiert: mit Auflehnung, Zorn und Wut, auch Mitleid mit sich oder im Gegenteil schicksalsergeben, kann niemand für sich vorhersagen. Allerdings kann man rechtzeitig die genannten Haltungen der Besonnenheit, Courage und Gelassenheit einüben, nicht zuletzt die Toleranz in ihrem ursprünglichen Sinn, nämlich die Fähigkeit, Schicksalsschläge zu ertragen. Sind diese Haltungen zu einem festen Bestandteil der Persönlichkeit, zu einem Charaktermerkmal, geworden, so lassen sie den Menschen auch im Angesicht des Sterbens kaum im Stich.

Ähnlich planungsresistent, aber vorbereitungsfähig verhält es sich mit der sozialen Dimension. In den Wochen des Sterbens nicht allein zu bleiben, sondern von der Familie und Freunden Trost und Beistand zu erhalten, mit ihnen reden, Erinnerungen austauschen, lachen und weinen zu dürfen, können wir nicht vorab regeln. Einem unbeeinflussbaren Schicksal machtlos ausgeliefert sind wir aber auch nicht. Wer sich vorher um seine Familie gesorgt, Freundschaften gepflegt und Mitgefühl samt Hilfsbereitschaft praktiziert hat, wird am Lebensende selten allein bleiben.

In Christoph Ransmayrs Roman *Der fliegende Berg* (2006) machen sich zwei irische Brüder auf den Weg, um nach dem vermeintlich letzten weißen Fleck der Weltkarte zu suchen. Am Ende finden sie, was weder die Sterblichkeit noch einen nahen Tod abwenden, aber lindern kann: die Liebe.

Weil eine Gesellschaft, die Jugend, Vitalität und Erfolg prämiert, das Sterben lieber verdrängt, macht sich in ihr die Unfähigkeit, auch Scheu breit, Sterbende zu besuchen, ihnen die Hand zu halten, mit ihnen zu sprechen und Worte des Trostes zu finden. Es dürfte sogar generell zutreffen, dass die Mimik, Gestik und Sprache des Trostes verkümmert sind. Aus einer phasenverschobenen Fairness heraus sollte man jedoch ein Beispiel geben, an dem Personen, die man später braucht, sich orientieren: Man lerne, sich für Verwandte und Freunde, die im Sterben liegen, Zeit zu nehmen und ihnen Trost zu spenden.

Wie weit soll man Kinder mit hereinnehmen? Viele Erwachsene scheuen sich, ihre Kinder zu den Sterbenden hinzulassen. Die Scheu ist kaum berechtigt, denn sogar sehr junge Menschen sind oft unbefangener als ältere.

Selbst die spirituelle Dimension sollte man nicht grundsätzlich verdrängen. Denn ob man in der Phase des Sterbens nur an das Diesseits denkt, gegen die Fragen «wovon her» und «worauf hin» hingegen gleichgültig bleibt, kann niemand, weder der religiöse noch der areligiöse Mensch, vorab wissen. Deshalb dürfte es zur Lebensklugheit gehören, sich in spiritueller Hinsicht offen zu halten (s. Kap. 9).

Schließlich muss man an die Zurückbleibenden denken. Man stirbt, ob Singular oder Plural, jemandem weg. Mit dem eigenen Tod ist lediglich mein (diesseitiges) Leben zu Ende, die Hinterbliebenen aber müssen zunächst mit meinem Sterben, danach mit meinem Totsein leben. Die Zeilen aus dem Gedicht *Memento* von Mascha Kaléko kennt man in der Regel nur wie ein lebloses Bildungsgut: «Den eignen Tod, den stirbt man nur, Doch mit dem Tod der andren muss man leben.»

Erfreulicherweise gibt es dazu neue Initiativen, zum Beispiel ehrenamtlich geleitete «Trauerwege», die man in einer friedlich-schönen Natur gemeinsam, dann entweder mehr allein oder im Austausch mit anderen, geht und am Ende mit der Einkehr in einen angenehmen Gasthof beschließt. Eine andere Initiative, ein «Trauercafé», bietet Raum und Zeit für gegenseitiges Verstehen und wechselseitiges Einander-helfen. In beiden Initiativen können Menschen die Trauer über den Tod einer nahestehenden Person mit anderen erzählend und zuhörend teilen.

Der befürchtete und der zu erwartende Tod. Das dritte und das vierte Muster, das Sterben aufgrund eines multiplen Organversagens und das aufgrund von Gebrechlichkeit, kann man zusammen betrachten. Hier lehrt die Erfahrung mit älteren Verwandten: Menschen pflegen im fortgeschrittenen Alter an Vitalität und geistiger Präsenz zu verlieren und bei fortgeschrittenem Verlust vielfältiger Hilfe zu bedürfen. Von dieser Aussicht, nach Unfällen oder bei neurologischen Erkrankungen wie ALS (Amyotrophe Lateralsklerose), Demenz, Morbus Parkinson und multipler Sklerose (MS) extrem hilfsbedürftig zu werden, fühlen sich moderne Menschen tief gekränkt: Warum sollen sie, was sie sich vielleicht mühsam erarbeitet haben, ein selbstbestimmtes Leben, aufgeben?

Der mitleidlos nüchterne Blick nimmt allerdings auch die Gegenphänomene wahr. Er verdrängt nicht die vielen Hilfen, die man bislang schon gebraucht hat, ohnehin als Säugling und Kind, ferner, oft widerstrebend, als Jugendlicher. Selbst Erwachsene führen kein Robinsonleben, das ohne die gelegentliche Hilfe von Mitmenschen auskommt. Erfreulicherweise gibt es dafür eine Fülle von Einrichtungen, in denen sich zahllose Bürger ehrenamtlich engagieren. Prominent ist die neuere Hospizbewegung. Unzufrieden mit der Art, wie man am üblich gewordenen Ort des Sterbens, im Krankenhaus, mit Schwerstkranken und Sterbenden umzugehen pflegt, bemüht sie sich um eine ganzheitliche Betreuung, wo möglich sogar in der gewohnten Umgebung, dann mit Hilfe eines mobilen Krankenbetreuungsteams. Palliative Care, wie es in der Schweiz heißt, achtet das Leben bis zum letzten Atemzug.

Erfreulicherweise gibt es weitere Initiativen, von denen hier lediglich zwei erwähnt seien: An meinem Wohnort bietet das Tübinger Projekt Tag und Nacht sowohl Patienten als auch Angehörigen pharmakologische und medizinische Hilfe, wenn erforderlich auch weitere Unterstützung an. Im Schweizer Ort Arth-Goldau ist der überkonfessionelle «Verein Sterbebegleitung» «da, um schwerkranken und sterbenden Menschen beizustehen – zu Hause, im Heim oder im Spital». Die Mitglieder, die sich einer strengen Schweigepflicht unterwerfen, verstehen ihren Dienst als einen «Akt der Nächstenliebe im Wissen darum, dass jeder Mensch diesen letzten Weg geht».

Zwei abschließende Bemerkungen

Die Erfahrung legt zwei ergänzende Bemerkungen nahe: Weil wir unabhängig von dem uns bekannten Sterbensmuster wissen, sterben zu müssen, gehört zu einem verantwortlichen Leben, spätestens im fortgeschrittenen Alter und vor allem dann, wenn man Familie hat, an die Erbregelung zu denken. Nicht minder wichtig ist, sich mit seinem Lebenspartner, Kindern oder einer Drittperson über die Art und Weise zu verständigen, wie man sich ein gutes Sterben vorstellt: Wie will man bei einer das Lebensende ankündigenden Diagnose behandelt, gegebenenfalls auch nicht behandelt werden? Wie beziehe man seine Nächsten mit ein? Wie hilft man, sie zu entlasten? Eine Patientenverfügung ist dafür empfehlenswert, sie sollte freilich immer aktualisiert werden und vor allem stets greifbar sein.

Gestaltet sich das Sterben als ein längerer Prozess, kommt es zweitens nicht nur auf die Dinge an, die auf der Hand liegen, wie Schmerzlinderung, persönlicher Beistand und Trost, obwohl die Erfahrung sagt: «Ein gutes Wort ist mehr wert, ein freundliches unbezahlbar.» Viele, die auch über ihr Leben nachdenken, erleichtern sich das Sterben, wenn sie nicht (nur) die vergänglichen Dinge wie Erfolge und Misserfolge Revue passieren lassen. Denn im Angesicht des Todes werden Karriere, Wohlstand und Luxus bedeutungsarm, recht besehen sogar bedeutungslos.

Glücklich ist, wer dann im Rückblick schöne Augenblicke und Lebensphasen wahrnimmt; wer sieht, dass er mit Widerfahrnissen kreativ umgegangen ist; und wer trotz mancher Schwäche weithin rechtschaffen, auch hilfsbereit und mitfühlend gelebt hat, so dass er, ohne mit sich zu großzügig zu sein, sagen darf: «Non, je ne regrette rien / ni le bien qu'on m'a fait / ni le mal.»

9. Wenn es zum Sterben kommt 2:
Um eine Kultur des Abschiednehmens bitten

Die hier erbetene Kultur des Abschiednehmens versteht den Ausdruck «Kultur» weder im Sinne der Ethnologie, Völkerkunde oder Kulturanthropologie noch als Gegenbegriff zur Zivilisation. Gemeint ist die Erweiterung der in persönlicher Verantwortung liegenden Sterbekunst um eine gesellschaftliche und politische Verantwortung, die naturgemäß miteinander verschränkt sind.

Die soziale Aufgabe

Der Mensch weiß um seine Sterblichkeit und liebt trotzdem, dieses Wissen zu verdrängen, obwohl es eine neue «Sichtbarkeit des Todes» (Macho/Marek 2008), sogar eine «Geschwätzigkeit des Todes» (Armin Nassehi 2003) gibt: Nachrichten über Unfälle, Naturkatastrophen, Kriege, selbst Hinrichtungen erfährt man in Überfülle. Auch in anderer Weise widmen sich die Medien den Themen Sterben und Tod ausführlich, bis hin zur medialen Begleitung einer krebskranken jungen Frau bis zu ihrem Tod (in Großbritannien J. Goody). Auch die große Literatur nimmt sich des Themas an. Vorbildlich ist hier Thomas Manns Roman *Der Zauberberg*, in dem Settembrini, der liberale Humanist, Naphta, der kommunistische Jesuit, und der todkranke Hans Castorp miteinander Fragen von Sterben und Tod erörtern. Weniger bekannt ist die erschütternde Erzählung des maghrebinischen Autors Tahar Ben Jelloun *Yemma – Sur ma mère* (Yemma – Meine Mutter, Mein Kind, 2007). Fast schon vergessen sind die *Diktate über Sterben und Tod* des Zürcher Strafrechtlers Peter Noll (1984) und Katrin Schmidts späterer Text *Du stirbst nicht* (2009).

Trotz vielfältiger Gegenbelege trifft aber diese Ambivalenz zu: Sterben und Tod sind etwas Alltägliches und werden trotzdem aus dem Alltag verdrängt. Der «öffentliche» Tod in den Medien kontrastiert mit der vorherrschenden Wirklichkeit, dem Verdrängen des Todes aus dem gesellschaftlichen Leben und die damit einhergehende «Privatisierung des Todes». Die traditionellen Rituale von Totenglocke, Aufbahren, Trauerzug und Trauermahl bzw. Leichenschmaus finden kaum noch statt. Ferner war früher der Begräbnisplatz, der Friedhof als Kirchhof, in den Gemeinden neben dem zentral gelegenen Gotteshaus platziert, heute ist er vielerorts an den Rand gedrängt. Nicht zuletzt haben sich, nachdem das Totengeläut verstummt ist, lediglich noch die Todesanzeigen und bei bekannteren Personen der ehrenvolle Nachruf erhalten. (Zur europäischen Kulturgeschichte des Umgangs mit dem nahenden Tod immer noch lesenswert Ariès 1977, Ebeling 1979 und Rosenmayer 1978, neuerdings Landsberg 2010; vgl. auch Heller 2000.)

Andererseits darf man nicht übersehen, dass bei Begräbnissen trotz des weitgehenden Verlustes traditioneller Rituale religiöse Zeremonien, zumindest religiös gestimmte Musik, immer noch eine Rolle spielen. Zudem werden neue Formen des Abschiednehmens erprobt, auch bringen Zuwanderer ihre heimischen Rituale mit, die allerdings nach einiger Zeit in Richtung der neuen Umgebung abgewandelt werden. Daher ist die beliebte Diagnose «Verlust der Rituale» ungenau. Recht besehen findet eine «Abschwächung traditioneller Rituale» mit einem «Experimentieren mit neuen Ritualen» statt, verbunden mit einer «Pluralisierung von Ritualen», einschließlich hybrider, unterschiedliche Traditionen miteinander verbindender Rituale. Der doppelte Wunsch, «dem Toten die letzte Ehre erweisen» und «von ihm Abschied nehmen», ist nicht verschwunden. Nicht zuletzt sollte man nicht vergessen, worauf ein Grabspruch hinweist: «Tot sind nur jene, an die sich niemand erinnert.»

Vier Dimensionen

Leicht ist eine Kultur des Sterbens nicht, umfasst sie doch mindestens vier Dimensionen, die allesamt gegenläufigen Tendenzen abgerungen werden müssen. (1) Gegen die Unkultur rastloser Dynamik bedarf es einer Haltung des Innehaltens; (2) gegen die Unkultur vorgestanzter Schablonen braucht es eine Kultur der Sprache, die eigene, sehr persönliche Worte sucht, verbunden mit einer Kultur des Gesprächs ohne unbeholfene Floskeln.

(3) Erforderlich ist auch die in einer utilitaristischen Welt geschwundene Wertschätzung für symbolische Handlungen, obwohl sie einen anthropologischen Rang hat. Menschen können nämlich, was sich in der Tierwelt allenfalls rudimentär findet: in mehr oder weniger ritualisierter Form voneinander Abschied nehmen. Ist jemand, der einem etwas bedeutet, gestorben, so legt man ihn nicht, als ob er ausgedient habe, kommentarlos beiseite.

Dem wirkt entgegen, wer, im Widerspruch zur omniprä-
senten Utilitarisierung, gegenüber Verstorbenen die Fähigkeit zu nicht nützlichen, gleichwohl nicht unnützen, da
ihren Sinn und Zweck in sich selbst tragenden Handlungen bewahrt.

(4) Nicht zuletzt trete man Egalisierungstendenzen entgegen. Ohne an Rilkes pathetische Bitte denken zu müssen («O Herr, gib jedem seinen eignen Tod»), pflege
man ein Recht auf Differenz; das Abschiednehmen bedarf keiner Standardisierung. Insbesondere gehe man mit
dem Tod «natürlich», also weder unsensibel noch senti-
mental, vielmehr mit humanem Mitgefühl um. Es versteht sich, dass dieses Mitgefühl bei Nahestehenden persönlicher und betroffener als bei Fernstehenden und
Fremden ausfällt. Rilkes Bitte hat allerdings auch eine
andere Bedeutung, die bei Adolf Muschg in seiner Erzählung *Der weiße Freitag* anklingt: Beihilfe zur Entsorgung
kommt nicht in Frage; dafür ist der letzte Atem zu kost-
bar. Mit dem Giftbecher, auch dem bekömmlichen, stirbt
man nicht seinen eigenen Tod, auch wenn man ihn als
Abschiedsparty zelebriert (2017, 188).

Die Kultur des Abschiednehmens beginnt bei der
«räumlichen» Seite: Wo immer möglich sollte Hilfe zu
den Menschen kommen, nicht sollten die Menschen zur
Hilfe hingehen und sollte ein Mensch möglichst in seiner
gewohnten Umgebung, also zuhause sterben dürfen. In
Wirklichkeit sterben die meisten – man vermutet etwa
vier Fünftel (80%) – im Krankenhaus oder zunehmend
mehr in einem Pflegeheim. Dort werden sie, selbst wenn
man es zu überspielen sucht, häufig als eine Störung in
der täglichen Routine wahrgenommen. In Palliativstatio-

nen droht bei zunehmender Professionalisierung sogar die Gefahr, persönliche Zuwendung durch bürokratisches Management zu ersetzen.

Die neue Realität muss nicht auf mangelnde Bereitschaft der Angehörigen zurückgehen, auf einen Unwillen, sich auf die zweifellos kräftezehrende Aufgabe einzulassen, einen Sterbeprozess zu begleiten. Denn für ein Sterben in Würde fehlen zuhause oft die einfachsten Voraussetzungen. Überdies mangelt es vielen Angehörigen an der nötigen Sicherheit und Erfahrung.

Die Folge ist bekannt: Es wird beiläufig und unfeierlich, nicht selten würdelos gestorben (vgl. Fuchs/Kruse/ Schwarzkopf 2010). Allerdings darf man sich nicht dem Mythos hingeben, früher, in einer funktionstüchtigen Großfamilie, sei alles besser gewesen. Abgesehen davon, dass die funktionstüchtige und allen Mitgliedern gleichermaßen gerecht werdende Großfamilie ein selten erreichtes Ideal war, gibt es ein weiteres empirisches Gegenargument, das übrigens zu den Ursachen der Hospizbewegung gehört: Im Mittelalter und der frühen Neuzeit waren zahllose Menschen als Pilger und Kaufleute, selbst als Handwerker unterwegs, so dass sie in der Fremde sterben mussten.

Auch wenn man heute zunehmend im höchsten Lebensalter stirbt – das längst anerkannte Kriterium der Lebensqualität darf in den letzten Wochen und Monaten eines Lebens nicht vergessen werden. Denn in all ihren Aspekten meint die Kultur des Sterbens nichts mehr, aber auch nichts weniger als die Bereitschaft, im Sterbenden einen Menschen zu achten, der bis zum letzten Atemzug das Recht hat, in seiner Würde, Selbstachtung und Selbstbestimmung ernst genommen zu werden. Zu diesem Zweck muss man Sterben und Tod wieder in die Mitte der Gesellschaft holen.

Medizin und mehr

Die Palliativmedizin unterscheidet beim Sterbeprozess zwischen der Terminalphase, die sich meist über Wochen bis Monate hinzieht, und der Finalphase, der veritablen Sterbephase, welche die letzten Stunden, selten noch Tage des Lebens umfasst. Dann wird «zunächst die Wahrnehmung durch verringerte Hirnaktivität eingeschränkt; Seh- und Hörvermögen lassen nach bzw. erlöschen und die Atmung verflacht. Danach tritt der Herzstillstand ein, dem innerhalb weniger Minuten infolge des Funktionsverlustes der Hirnzellen der Hirntod folgt» (Groß/Kreucher/Grande 2010).

Zur medizinischen Seite der Sterbenskultur gehört nun, dass die Ärzte, Schwestern und Pfleger ihre Sorge nicht enden lassen, wenn ein Patient in diesen unumkehrbaren Sterbeprozess tritt. Weil der Sterbende bis zu seinem letzten Atemzug eine lebendige Person bleibt, dessen Würde zu achten ist, darf Hippokrates hier einmal nicht zum Vorbild dienen. Er verbot nämlich dem Arzt, sich mit dem Sterbenden zu befassen: Asklepios, der Arzt, ging, wenn Thanatos, der Tod, kam. Bis in unsere Zeit war es gängige Praxis, Sterbende aus dem Krankenzimmer zu verbannen und in ein Badezimmer oder eine Abstellkammer zu verlegen. Das Patientenwohl gebietet anderes. Hat der Sterbeprozess unwiderruflich eingesetzt, fallen lebensverlängernde Maßnahmen unter den Aspekt der Vergeblichkeit, so dass dort, wo man die Maßnahmen nicht einleitet, keine «Begehung durch Unterlassung» droht. Der dann sogar moralisch gebotene Verzicht auf überflüssige Maßnahmen entbindet aber nicht von jeder Patientenbetreuung.

Außer den körperlichen sind seelische Schmerzen, Angst und Unruhe, Vereinsamung, Resignation und Depression, so weit wie möglich zu lindern: «satt und sauber» genügt zweifellos nicht. Ein mir bekannter Unfallchirurg, als Krankenhausleiter für sein ganzes Krankenhaus verantwortlich, war weit über gesetzliche Arbeitszeiten hinaus zu arbeiten gewohnt. Trotzdem hat man nach seinem Tod sagen können: «Er hat nie jemanden allein sterben lassen.» Diese Haltung sollte zumindest für ein Krankenhaus als Ganzes selbstverständlich werden: dass jemand, möglichst ein Nahestehender, im Zimmer des Sterbenden bleibt, ihm die Hand hält und «gut zuspricht»: Mag der Sterbende auch die Sonne untergehen sehen, so erschrickt er doch, wenn es Nacht wird.

Ein Blick auf die Religionen

Auch in säkularen Gesellschaften wird das Abschiednehmen durch religiöse Traditionen erleichtert. Im Judentum soll man binnen 24 Stunden bestattet werden. Wegen der deshalb notwendigen Eile kommen rasch Freunde, die im Wechsel die Hinterbliebenen mindestens sieben Tage lang nicht allein lassen. Wegen der Eile sind aufwendige Beerdigungen und bewegende Reden am Grab selten, womit im Tod alle als gleich erscheinen. Dieser «Botschaft» dient auch der Brauch, Spiegel mit Laken zu verhängen, damit sich kein Raum für Eitelkeit und Selbstbetrachtung anbietet. Allein der Verstorbene zählt.

Ein frommer Muslim wird den Toten, weil Allah ihn gerufen hat, trotz der etwa in Ägypten üblichen Klageweiber nicht sehr betrauern. Ähnlich wie im Judentum erhält der Tote, weil innerhalb von 24 Stunden zu bestatten, ein schlichtes Begräbnis. Mancherorts ist die Zeitspanne noch kürzer, dann wird die Leiche, weil die Sonne über ihr nicht untergehen darf, im Laufschritt zum Friedhof getragen, von dem sich Frauen, selbst Ehefrauen, Mütter und Töchter, fernzuhalten haben, da dort angeblich Dämonen lauern.

Während Sunniten nach 40 Tagen erneut und gemeinsam trauern sowie nach 120 Tagen das Trauern beinahe offiziell beenden, pflegen die Schiiten einen ausgeprägten Trauerkult und kommen im Trauermonat Muharram an Pilgerorten wie dem irakischen Kerbela zu Millionen zusammen.

In buddhistischen Familien wird der Verstorbene zuhause oder in einem Tempel aufbewahrt, bevor man ihn nach drei, fünf, oder, wenn Angehörige einen langen Weg haben, erst nach sieben Tagen in einem blumengeschmückten Sarg verbrennt. Zuvor versammelt man sich um den Sarg, entschuldigt sich beim Toten für etwaiges Leid, das man ihm angetan, und verzeiht Leid, das man von ihm erfahren hat.

Die frühe Christenheit schloss sich in ihrem Beerdigungsritus an die jüdische Tradition an: Die Toten wurden gewaschen, in Leinentücher gewickelt, gesalbt und unter Trauer ins Grab gelegt. Die Feuerbestattung galt wegen der Erwartung einer leibhaftigen Auferstehung bis vor kurzem als Sünde. Die näheren christlichen Rituale sind kultur- und mentalitätenabhängig: In der Hoffnung aufs Paradies sind in Iberoamerika Beerdigungen bunt und laut, in Europa und den USA im Blick auf die Endlichkeit allen menschlichen Lebens trotz Blumenschmucks ernst und streng. Fast nur noch auf dem Land findet sich die Tradition, zu Hunderten dem Sarg zu folgen, um sich anschließend zum Trauermahl zu versammeln.

In West- und Nordeuropa werden christliche Trauerrituale wegen der fortgeschrittenen Säkularisierung zwar zunehmend weniger gepflegt, sind hier gleichwohl noch am ehesten vertraut. Immer noch dürfte die überwältigende Mehrheit Verstorbener mit einem christlichen Begräbnis, sogar Trauergottesdienst verabschiedet werden. Christliche Rituale werden auch bei sogenannten Staatsakten praktiziert und finden sich, da vom religiösen Zusammenhang leicht zu lösen, in abgewandelter Form in sozialistischen Ländern.

Für Katholiken gehört die Krankensalbung bzw. Letzte Ölung zu den sieben Sakramenten. Fehlt ein Priester, so nimmt ein Laientheologe, meist eine Frau, eine Krankensegnungsfeier vor. Auch bei anderen Christen, selbst Konfessionslosen wächst das Bedürfnis nach spiritueller Begleitung, das man dann, experimentierend, in unterschiedlicher Weise zu erfüllen sucht. Für Traditionen, die in Jahrhunderten, zudem in ländlicher und religiöser Umgebung gewachsen sind, kann aber eine städtische, kulturell pluralistische, mehrheitlich säkulare Gesellschaft, die überdies zu einem erheblichen Teil in Einpersonenhaushalten lebt, schwerlich in wenigen Jahren zustimmungsfähige, überdies realisierbare Alternativen erfinden.

Unter allen Lebewesen, die wir kennen, steht die Möglichkeit, seinem natürlichen Leben ein nichtnatürliches Ende zu setzen, lediglich dem Menschen offen. Sie bekräftigt dessen radikale Verfügungsmacht, zugleich eine Freiheit, die hier in einem wörtlichen Sinn destruktiv und irreversibel gehandhabt wird: Wer ungezwungen und wohlüberlegt Hand an sich legt, setzt in Freiheit seiner Freiheit ein Ende. Ich fasse hier einige schon früher geäußerte Überlegungen in elf Thesen zusammen (Höffe 2015, Kap. 3.3; vgl. auch Rosenstock 2009 und Wehrli/Sutter/Kaufmann ²2015):

Obwohl der Freitod, früher Selbstmord, heute auch Selbsttötung oder Suizid genannt, eine zutiefst persönliche Handlung ist, hat er wie alles Menschliche eine soziale Seite. Die betreffende Person hat in der Regel Angehörige, zumindest Bekannte, Nachbarn und Kollegen, vielleicht sogar Freunde, die, *erste These,* von einem selbst herbeigeführten Tod *be*troffen, im Fall von Eltern, Kindern, Partnern sogar *ge*troffen sind. Nimmt sich ein Nahestehender das Leben, ohne mit mir zu sprechen, so wird zusätzlich das Vertrauensverhältnis beschädigt. Und die Personen, die wider Willen beteiligt werden, etwa Lokführer, stehen ihr Leben lang unter Schock.

Manchen erscheint in den einschlägigen Debatten die philosophische Ethik als eine Fahne im Wind, die teils aus opportunistischer Anpassung an den Zeitgeist ein so grundlegendes Rechtsgut wie den Lebensschutz aufweiche. In Wahrheit handelt es sich, *zweite These*, um eine

Frage der Güterabwägung zwischen den beiden Prinzipien der Selbstbestimmung und der Fürsorge.

Da man bei einer Güterabwägung selbst nach reiflicher Überlegung zu unterschiedlichen Ergebnissen kommen kann, gebietet, *dritte These*, ein Minimum an gesellschaftlicher Toleranz, die eigene Position nicht allzu selbstsicher zu vertreten, etwaige Gegenpositionen zu tolerieren und ein so harsches Verdikt zu vermeiden, nach dem, so der evangelische Theologe Friedrich Wilhelm Graf (2015), anders urteilende Kirchen einem (klerikalen) Absolutismus frönten.

Das Prinzip der Selbstbestimmung spricht sich für die sogenannte liberale Lösung aus, die nach dem Grundsatz «in dubio pro libertate» einer urteilsfähigen Person erlaubt, selber über ihr Ende zu entscheiden. Der Mensch hat jedoch ein natürliches Interesse zu leben. Hier bedarf das Heidegger-Wort vom «Sein zum Tode» der korrigierenden Ergänzung: Wie alle Lebewesen ist der Mensch nicht auf das Sterben, sondern auf das (Über-)Leben «programmiert». Der Wunsch, sein Leben abzubrechen, reift daher, *vierte These*, in der Regel nur in einer fundamentalen Lebenskrise heran.

Nach Auskunft der empirischen Suizidforschung kommt der nach einer nüchternen Lebensbilanz frei gewählte Tod höchst selten vor. In den weitaus meisten Fällen wird ein Freitod von Personen verübt, die am Sinn eines (Weiter-)Lebens verzweifeln. Zu den Gründen gehören zum Beispiel das Erleiden unerträglicher Schmerzen, wogegen aber eine wohldosierte Schmerztherapie helfen sollte. Andere Menschen sind wegen eines schwerwiegenden Misserfolgs geschäftlicher, beruflicher oder partnerschaftlicher Natur verzweifelt. Häufiger dürfte jedoch eine tiefe Angst vorherrschen: die Angst, allein gelassen zu sein – man sieht niemanden, der einen versteht und verlässlich zu einem hält –, oder die Angst, den Angehörigen, selbst wenn diese es bestreiten, als Pflegefall zur Last zu fallen. Wieder andere wollen nicht im Krankenhaus einer hochtechnisierten Medizin hilflos ausgeliefert sein. Andere haben Angst, nicht mehr die körperlich und geistig vitale Person zu sein, als die sie Jahrzehnte gelebt haben. Vielleicht empfinden sie auch Scham oder einen Ekel vor sich als einer weitgehend «dehumanisierten» Person, deren Weiterleben sie für nicht mehr würdig halten. Nicht zuletzt kann eine mehr als nur vorübergehende Depressivität vorliegen.

Diesen recht unterschiedlichen Ursachen und Gründen ist eines gemein, *fünfte These*: Beim Alterssuizid handelt es sich meist weniger um eine wahre Selbstbestimmung als um einen versteckten Appell, gerichtet an die Angehörigen, Ärzte, Pflegepersonen oder an einen anonymen Adressaten, die Gesellschaft, doch bitte die Schmerzen zu lindern und glaubhaft, also mit mehr als nur «frommen Worten», einen trotz extremer Hilflosigkeit und Abhängigkeit erfahrbaren Lebenssinn zu vermitteln.

Infolgedessen ist, *sechste These*, nicht die Selbstbestimmung sondern die Hilfsverpflichtung gefragt, in religiöser Sprache jene Barmherzigkeit, lateinisch *misericordia*, die man nicht nur bei den *pauperes*, den materiell Armen, sondern bei allen *miseri*, allen Armseligen, zu praktizieren hat.

Den Ärzten empfiehlt sich, die Betreffenden als kranke Menschen wahrzunehmen, weshalb, *siebente These*, Ärzte von ihrem Beruf her nicht Sterbehelfer sind, sondern dem Prinzip Fürsorge und dessen hier einschlägigen Grundsatz «in dubio pro vita» folgen: Präventiv praktizieren sie gegen langanhaltende, manchmal geradezu unerträgliche Schmerzen eine wirksame Schmerztherapie. Und gegen die Angst, einer hochtechnisierten Medizin hilflos ausgeliefert zu sein, pflegen sie eine nicht bloß apparative, sondern auch persönliche Beziehung zum Patienten. Liegt eine wenn auch nicht vollendete Suizidhandlung vor, so suchen sie dem Betroffenen die bestmögliche Hilfe zu bringen und sind glücklicherweise dabei sehr erfolgreich: Die meisten vorher Suizidwilligen heißen die ihnen gebrachte Hilfe gut und bleiben bei guter therapeutischer Begleitung aus innerer Zustimmung am Leben.

Weil die Suizidfrage meist in Lebenskrisen auftaucht, die bei älteren Menschen durch einen rapiden Verfall der körperlichen und geistigen Kräfte verursacht sein können, drängt sich diese *achte These* auf: Eine von Verantwortung und Solidarität geprägte Gesellschaft bemüht sich weniger um eine Erleichterung des Suizids als um Präventionsmaßnahmen und setzt sich dafür ein, auch älteren Menschen Perspektiven sinnvollen Lebens zu eröffnen, altersfreundliche Lebensräume zu schaffen und die palliative Fürsorge, auch die Hospizarbeit, zu fördern.

Aus diesen Gründen darf man dem in Kapitel 8 erwähnten Arth-Goldauer «Verein Sterbebegleitung» keinen illiberalen Paternalismus vorwerfen, weil er für sich jede Form aktiver und passiver Sterbehilfe ausschließt. In Wahrheit ist er von der überwältigenden Erfahrung inspiriert, dass ein Suizid in den weitaus meisten Fällen kein Frei-Tod ist, denn er wird von Personen versucht oder begangen, denen Zuwendung, Trost und Hilfe fehlen oder die am Sinn ihres Lebens verzweifeln.

Vermutlich gibt es ein noch tiefer sitzendes Problem: Weil unsere Gesellschaften Jugendlichkeit, Vitalität und Erfolg prämieren, fällt es den Menschen schwer, ein Dasein für lebenswert zu halten, dem es an all dem fehlt, da man alt, gebrechlich und wegen Hilflosigkeit gewiss nicht mehr erfolgreich ist. Die Kritik an Jugend-, Schönheits- und Erfolgswahn, wie die Schlagworte heißen, ist bekannt. Angesichts einer konkreten Person, die am Lebenssinn zweifelt, hilft aber kein pauschales gesellschaftskritisches Lamento. Das betreffende Individuum hat nicht den Jugend-, Schönheits- und Erfolgswahn vor Augen. Es will nur hier und jetzt vom Sinn des Noch-weiter-lebens überzeugt werden.

Blickt man in die Ideengeschichte (konzis noch einmal Höffe 2015, Kap. 3.3), so findet man, *neunte These*, für die moralische Bewertung des Freitods einen schon jahrhundertelangen Streit, wobei Pro- und Contra-Argumente nicht etwa entlang säkularer und religiöser Grenzen verlaufen. Vielmehr finden sich auf beiden Seiten, sowohl bei Philosophen als auch bei Theologen, Befürworter und Gegner, und bei den Befürwortern sowohl das uneingeschränkte als auch das lediglich auf extreme Grenzfälle eingeschränkte Ja, nicht zuletzt, so Kant in der *Tugendlehre* (Kasuistische Fragen zu § 6) einen *esprit de finesse*.

Der angedeutete moralphilosophische und moraltheologische Streit könnte ratlos machen. Glücklicherweise ist er für die rechtliche Debatte um eine Beihilfe zum Alterssuizid (fast) unerheblich. Denn in ihr geht es nicht um die beim genannten Streit im Vordergrund stehende persönliche Moral, sondern um die davon streng zu unterscheidende Rechtsmoral, also um jene Moral, deren Verbindlichkeiten die Menschen einander schulden. Für sie, *zehnte These*, ist der Freitod kein Delikt, insbesondere kein Verbrechen.

Das natürliche Lebensinteresse des Menschen beläuft sich nicht auf eine Lebenspflicht. Der Mensch schuldet weder der Gesellschaft noch dem Staat, sein Leben zu erhalten. Zu den Errungenschaften der von der Aufklärung inspirierten Strafrechtsreformen gehört die Aufhebung der Strafbarkeit des Freitodes. Wer nach reiflicher Überlegung nicht mehr weiterleben will, weil alle Versuche, ihm neuen Lebenssinn zu vermitteln, gescheitert sind, darf von niemandem offiziell gehindert werden, vom Leben Abschied zu nehmen.

Ist der Freitod kein rechtliches Unrecht im Sinne des Rechts, so scheint, wie selbst erfahrene Strafrechtslehrer erklären (z. B. Kühl 2010, 81), auch die Hilfe zum Freitod kein Unrecht zu sein. Bei der Suizidbeihilfe greift aber ein Dritter ein, womit man den Bereich der strafbaren Handlungen gegen Leib und Leben betritt. In den fachkundigen Worten des englischen Schriftstellers Ian McEwan: Das Gesetz «erlaubt Ärzten, bestimmte unheilbare Patienten nicht ersticken, verdursten oder verhungern zu lassen, und verbietet andererseits die sofortige Erlösung durch eine tödliche Spritze» (*The Children Act*, zu Deutsch: *Kindeswohl*).

Daran schließt sich eine zweite Unterscheidung, jetzt zum Stichwort der Lebensverkürzung, an: Das Verabreichen von Medikamenten, die bei letaler Diagnose Schmerzlinderung intendieren, mitlaufend aber auch das

Leben verkürzen, ist von einem ausschließlich auf den Tod abzielenden Medikament zu unterscheiden. Das erste ist medizinethisch nicht nur erlaubt, sondern sogar geboten. Nur im zweiten Fall liegt Hilfe zum Freitod vor. Drittens ist das Verleiten *zum* Freitod von der Hilfe *beim* Freitod zu unterscheiden. Das erste ist in keinem Fall, das zweite eventuell zulässig.

Die Hilfe beim Alterssuizid, wenn sie denn für einen Arzt in Extremfällen vertretbar sein sollte, leistet, *elfte These*, der Arzt nicht als Arzt, sondern als vertrauter Mitmensch, nämlich als eine Person, die das schwere Leid mit dem Betroffenen geteilt hat und die trotz engagierter Versuche, den Leidenden wieder zu Lebenssinn, sogar Lebensfreude zu ermuntern, von ihm um Hilfe gebeten wird: dringend, überdies wohlerwogen, weiterhin: ohne äußeren Druck, nicht zuletzt: dauerhaft über längere Zeit.

Sterben lassen

In der Regel erörtert man nur die Alternative: Hilfe *im* Sterben und Hilfe *zum* Sterben. Die Erfahrung macht auf zwei weitere Phänomene aufmerksam. Die erste Realität bleibt solange unerörtert, wie man die Debatte um die Sterbehilfe auf einwilligungs- und entscheidungsfähige Personen konzentriert. Nicht wenige der sehr alten Menschen liegen aber monate-, sogar jahrelang fast ohne Bewusstsein im Bett, nur durch künstliche Ernährung, Herzschrittmacher und Medikamente am Leben erhalten. Selbstverständlich behalten sie ihr Lebensrecht, das ihnen niemand nehmen darf. Sofern sich aber diese Situation mit erheblichem Leid verbindet, stellt sich die Frage, ob ihnen das Leid zugemutet werden muss.

Falls keine Patientenverfügung vorliegt und auch kein Kind oder Betreuer eine Vollmacht für einen etwaigen Behandlungsabbruch hat, werden sie weiter behandelt. Der langjährige Seelsorger Manfred Alberti ist der Meinung, dadurch werde menschenwürdiges Sterben verhindert, und sieht darin «die» Ursache dafür, «dass die Mehrheit aller Deutschen Sterbehilfe befürwortet». Zumindest seiner Frage ist Recht zu geben: «Wie kann man sehr alten Menschen einen menschenwürdigen Tod ohne lange Quälerei ermöglichen?» (Alberti 2015)

Zu den Gründen des Nichtstoppens gehört eine unter Ärzten verbreitete Haltung. Früher zählte zu ihren Aufgaben die «Wahrheit am Krankenbett», die freilich mit Feingefühl vorgetragene Nachricht: «Sie müssen sterben.» Teils aus Angst, diese nicht schöne Nachricht überbringen zu müssen, teils weil man eine maximale statt optimale Therapie sucht, gelegentlich weil Angehörige drängen, werden Maßnahmen ergriffen, die dem Patienten absehbar so gut wie keinen Nutzen bringen.

Die andere immer noch zu wenig erörterte Realität: Beim Sterbenlassen gibt es nicht nur den aktiven Zugriff, augenfällig bei jenem Abbrechen von Infusionen und weiteren medizinischen Hilfen, das man pauschal als «den Stecker herausziehen» bezeichnet. Nach dem längst unstrittigen Prinzip Selbstbestimmung darf man jedoch den Sterbenden nicht zwingen, so lange wie nur möglich am Leben zu bleiben. Wenn nach einem langen Leben oder langem Leiden der Lebenswille erloschen ist, ist dies ohne jeden Vorbehalt zu respektieren. Wer dann nicht mehr essen und trinken will, wer lieber liegen bleibt statt sich aufzusetzen, dem muss man, ob Arzt, Pflegerin oder Verwandter, seinen Willen, sofern er deutlich genug und nicht lediglich vorübergehend ist, lassen.

Bekannt ist der norwegische Abenteurer Thor Heyerdahl, der an einem Gehirntumor litt, nichts mehr gegessen und getrunken hat und dann, damals im Jahr 2002, im Alter von 87 Jahren verstarb. Man kann es ein Sterbefasten nennen. Wer nicht mehr leben will, muss jedenfalls keinen Giftcocktail einnehmen; mit dem Essen und Trinken aufzuhören genügt.

Niemand braucht dafür eine Erlaubnis («ich *darf* sterben»); denn niemand hatte das Recht, dem Sterbewilligen hereinzureden, schon gar nicht das Recht, ihn über seinen Willen hinaus, man muss es so deutlich sagen: *gegen* seinen Willen zu zwingen weiterzuleben. Wer sich im Endstadium einer unheilbaren Krankheit befindet, wer trotz einer Schmerztherapie an unerträglichen Schmerzen leidet, darf sagen: Ich habe gelebt, so gut ich es vermocht habe, und jetzt will ich sterben. Er darf erwarten, sogar verlangen, dass bei ihm alle medizinischen Maßnahmen, die ihn am Sterben hindern, unterbleiben. Auch wenn es nicht falsch wäre, hier von einer «indirekten Selbsttötung» zu sprechen, so rückt dieser Ausdruck wegen des Bestandteils «-tötung» das Verhalten in die Nähe eines möglichen Delikts. Kein Mensch schuldet aber der für Delikte zuständigen Instanz, dem Gemeinwesen, sein Weiterleben.

Nur wenigen ist vergönnt, was sich vermutlich jeder wünscht, jene wörtlich genommene «Euthanasie», die bei Schopenhauer anklingt und abschließend noch einmal wiederholt sei: nach einem langen erfüllten Leben auf einem Sofa liegend mit dem Atmen aufzuhören, so ruhig zu sterben wie eine Kerze, die heruntergebrannt verlöscht.

10. Demokratische Aspekte der Lebens- und Alterskunst

Aus ethischer Perspektive stehen an der Spitze der Alterskunst die unantastbare Würde und die aus ihr fließenden angeborenen Rechte. Jedem Mensch, ob jung oder alt, Frau oder Mann, ob Gläubiger oder Atheist, ob reich oder arm, gebildet oder ungebildet, geben sie einen unveräußerlichen Eigenwert. Aus ihm folgt das Recht auf Selbstbestimmung, das wiederum die Befugnis einschließt, auf eigene Weise ein gelungen-glückliches Leben zu suchen. In diesen Hinsichten sind alle Menschen gleich, weshalb in politischen Begriffen die Alterskunst von ihrer normativen Leitidee her demokratisch ist.

Mancher politischen Kultur sind die Gedanken der Menschenwürde und Menschenrechte noch fremd, obwohl sie in der Charta der Vereinten Nationen und in den verschiedenen Menschenrechtspakten global anerkannt sind. Da dies aber nur im Prinzip zutrifft, wird hier gelegentlich von einem okzidentalen Rechtskulturimperialismus gesprochen.

Um diesen Vorwurf zu entkräften, empfiehlt sich, noch auf einen anderen rechts- und sozialethischen Grundsatz zurückzugreifen, der überdies schon weit länger, sogar seit Jahrtausenden und vor allem in so gut wie allen Kulturen vertreten wird: die Goldene Regel. Ihre in Kapitel 6 eingeführte gerontologische Neufassung, die Goldene Regel der Altersethik, hat wieder einen demokratischen

Charakter, denn sie gibt allen Generationen dasselbe Grund-Recht: «Was du als Kind nicht willst, das man dir tu', das füg' auch keinem Älteren zu!»

Diese Goldene Regel bedarf keiner ausgefeilten philosophischen Begründung. Als unstrittiger Bestandteil der Alltagsmoral bestätigt sie eine These besonders deutlich, die große Moralphilosophen der Neuzeit wie Rousseau und Kant vertreten: Dank einer allgemeinen Menschenvernunft hat schon der einfache Mensch ein rechtes Verständnis von moralischen Grundsätzen. Dieser These der Bescheidenheit, die erneut demokratischen Charakter hat, unterliegen auch die einschlägigen Fachwissenschaften. Wie die in den vier *L* gebündelten Ratschläge der Klugheit exemplarisch zeigen, vermag schon eine vorakademische Instanz, die Alltagserfahrung, zur Lebens- und Alterskunst wesentliche Empfehlungen herauszufinden, die dann von zahlreichen Schriftstellern in eine sachlich und sprachlich überzeugende Gestalt gebracht werden.

Der skizzierte demokratische Charakter macht allerdings, sei wiederholt, weder die Philosophie noch die Fachwissenschaften überflüssig. Die Mahnung zur Bescheidenheit beläuft sich nicht auf Nutzlosigkeit. Die Philosophie klärt zum Beispiel Begriffe, sie schärft Argumente und erweitert durch Erinnerungen an frühere Einsichten das heutige Problembewusstsein. Auch erschließt sie längst bekannten Grundsätzen neue Anwendungsbereiche, der Goldenen Regel etwa deren Anwendung auf die Altersethik. Die Fachwissenschaften wiederum helfen, die Macht negativer Altersbilder zu brechen, mit präzisen Befunden die leichtfertige Rede von einer alternden Gesellschaft zugunsten der treffenderen Diagnose «gewonnene Jahre» zu korrigieren, ferner gesellschaftspolitische Aufgaben empirisch zu unterfüttern.

Dass trotzdem Bescheidenheit geboten bleibt, trifft auch für die biographisch letzte Phase der Alterskunst zu. Der demokratische Charakter setzt hier beim anthropologischen Faktum der Sterblichkeit an, das ebenso wie die Lebenserfahrung auf jeden Menschen zutrifft und dazu führt, dass alle Menschen, grundsätzlich betrachtet, «mitten im Leben vom Tod umfangen» sind. Dass vor allem in globaler Perspektive viele Menschen aus wirtschaftlichen oder politischen Gründen früh sterben, hat zweifellos, wenn man einmal hypothetisch eine Weltdemokratie annimmt, keinen demokratischen Charakter. Demokratisch kann man es auch nicht nennen, dass manche wegen schlicht unglücklicher Umstände, etwa eines Verkehrsunfalls, unvorhergesehen und unvorbereitet sterben, dabei nicht selten ohne medizinischen und menschlichen Beistand. Glücklicherweise geschieht dies in wohlhabenden Rechts- und Sozialstaaten nicht allzu häufig, so dass man sich hier in beide, in die persönlich und in die sozial zu verantwortende Kunst des Alterns, schließlich Sterbens rechtzeitig einüben kann.

Für diese Aufgabe ist der hier vorgelegte Versuch einer zur Kultur des Sterbens hin geöffneten Alterskunst auf zwei erfreuliche «Botschaften» gestoßen. Aus anthropologischen Gründen, wegen der zeitlichen Endlichkeit des Menschen, betreffen Alter und Altern, wenn man nicht schon jugendlich stirbt, jeden Menschen; und der Tod ereilt tatsächlich jeden: Als Lebewesen betrachtet wird jeder Mensch am Nullpunkt geboren und kehrt zum Nullpunkt zurück. In der christlichen Tradition des Aschermittwochs heißt es: «Memento homo quia pulvis es et in pulverem reverteris.» («Gedenke Mensch, dass du aus Staub bist und zu Staub zurückkehren wirst.»)

Für beide Phänomene, für das Altern und für das Sterben, bestehen zwar je nach Temperament, Lebenseinstellung, Schicht, Bildung und anderen Merkmalen erhebliche Unterschiede. Trotzdem gibt es in wohlhabenden Gesellschaften eine weitere Gemeinsamkeit von erneut demokratischem Rang. Wer die vier *L*, in die sich ein Großteil der Alterskunst bündeln lässt, Laufen, Lernen, Lieben und Lachen, vorurteilsfrei Revue passieren lässt, dem fällt auf, dass «wohlhabend» darin nicht vorkommt. Auch spielt «gebildet» keine herausragende Rolle, denn das zweite *L*, das Lernen, setzt weder ein Schon-gebildetsein voraus noch zielt es auf eine Person ab, die man landläufig «gebildet» nennt.

Sehr deutlich ist die körperliche Bewegung nicht an einen kostspieligen Sport wie Golf, auch nicht an alpines Skilaufen oder persönliche Trainer im Trimmdichstudio gebunden. Für Sozialkontakte ist es nicht nötig, in exklusive Clubs einzutreten, für emotionale Entspannung braucht man weder Wellness-Urlaube noch Kreuzfahrten. Teure Cremes und Schönheitsoperationen lassen jemanden zwar jünger erscheinen, freilich oft zum Preis, dass die Mimik verarmt. Ohnehin macht das jüngere Angesicht nicht wahrhaft jünger, was man in der Regel an den Händen sieht: Wer bei jugendlich ausschauenden Schauspielerinnen oder Prominenten auf die Hände achtet, kommt dem tatsächlichen Alter ziemlich nahe.

Noch wichtiger ist, dass die Länge des Lebens für eine Alterskunst nicht entscheidend ist. Dank eines Gesundheitswesens, das allen offensteht, dank eines Netzes von Krankenhäusern, Seniorenheimen und Sozialstationen, die allerdings noch mancher Verbesserung bedürfen, und dank eines – trotz manch legitimer Feinkritik – gewiss nicht kleinlichen Sozialstaates kann beinahe jeder, soweit das Gemeinwesen verantwortlich ist, in Würde altern.

Wer ohne Vorurteile offen durch die Welt geht, wer sich vor allem nicht auf die soziale Welt seines Berufes und seiner sozialen Schicht fixiert, findet in der Tat genügend Beispiele für lebensfrohe Menschen, deren finanzielles Auskommen bescheiden ist. Diese Erfahrung ist kein Argument, um die Bedeutung materieller Ressourcen und guter Bildungschancen zu leugnen; vor allem an Altersarmut sollte niemand leiden. Den Wohlstand und die Bildung sollte man aber nicht überbewerten: Alterskunst steht jedem Menschen offen.

Literatur

Klassiker der Philosophie und der schönen Literatur sind hier in der Regel nicht angeführt.

Alberti, M. 2015: Recht auf würdigen Abschied. Deutschland streitet über die Sterbehilfe und klammert dabei die drängendste Frage aus, in: Süddeutsche Zeitung, 22.8.2015.

Améry, J. 1968: Über das Altern: Revolte und Resignation, Stuttgart.

Ariès, Ph. 1977: L'Homme devant la mort, Paris; dt. Geschichte des Todes, übers. v. H.-H. Henschen u. U. Pfau, München 2005.

Auer, A. ⁴1996: Geglücktes Altern. Eine theologisch-ethische Ermutigung, Freiburg.

Bacon, F. 1625: The Essays or Counsels Civil and Moral, hrsg. v. B. Vickers, Oxford 1999; dt. Essays oder praktische und moralische Ratschläge, hrsg. v. L. Schücking, übers. v. E. Schücking, Stuttgart 1970.

Baltes, P. 2007: Alter(n) als Balanceakt. Im Schnittpunkt von Fortschritt und Würde, in P. Gruss (Hrsg.): Die Zukunft des Alterns. Die Antwort der Wissenschaft, München, S. 15–34.

Beauvoir, S. de 1970, La vieillesse, Paris; dt. Das Alter: Essay, übers. v. A. Aigner-Dünnwald u. R. Henry, Reinbek 1972.

Becker, S./Kruse, A./Schröder, J./Seidl. U. 2005: Das Heidelberger Instrument zur Erfassung von Lebensqualität bei Demenz (H.I.L.DE.). Dimensionen von Lebensqualität und deren Operationalisierung, in: Zeitschrift für Gerontologie und Geriatrie 38 (2), S. 108–121.

Benn, G. 1954: Altern als Problem für Künstler, Berlin.

Biermann, U. 2009: «Der Alte stirbt doch sowieso». Der alltägliche Skandal im Medizinbetrieb, Freiburg.

Blatter, S. 2004: Zwölf Sekunden Stille, Frankfurt/M.

Bloch, E. 1959: Das Prinzip Hoffnung, 3 Bde. (1938–1947), Frankfurt/M.

Boëthius: Trost der Philosophie/Consolatio philosophiae, lat. u. dt., hrsg. u. übers. v. O. Gigon u. E. Gegenschatz, Berlin 2014.

Borasio, G.D. 2011: Über das Sterben. Was wir wissen, was wir tun können, wie wir uns darauf einstellen, München.

Bormann, F.-J./Borasio, G. D. (Hrsg.) 2012: Sterben. Dimensionen eines anthropologischen Grundphänomens, Berlin.

Burri, A./Mijuk, G. 2017: Das Elend in den Altersheimen, in: Neue Zürcher Zeitung, 6.5.2017.

Casals, P. 1971: Licht und Schatten auf einem langen Weg. Erinnerungen aufgezeichnet von Albert E. Kahn, Frankfurt/M.

Cicero: Cato maior de senectute/Cato der Ältere über das Alter, lat. u. dt., übers. u. hrsg. v. H. Merklin, Leipzig 1998.

– Tusculanae disputationes/Gespräche in Tusculum, lat. u. dt., übers. u. hrsg. v. E.-A. Kirfel, Leipzig 2005.

Deutsches Wörterbuch, Bd. 1, hrsg. v. J. Grimm/W. Grimm, Leipzig 1854.

Ebeling, H. 1979: Der Tod in der Moderne, Königstein.

Ehmer, J./Höffe, O. (Hrsg.) 2009: Bilder des Alterns im Wandel. Historische, interkulturelle, theoretische und aktuelle Perspektiven, Stuttgart.

Epikur: Brief an Menoikeus, in M. Hossenfelder (Hrsg.): Antike Glückslehren: Quellen in deutscher Übersetzung, Stuttgart 1996, S. 173–178.

Fuchs, Th./Kruse, A./Schwarzkopf, G. (Hrsg.) 2010: Menschenbild und Menschenwürde am Ende des Lebens, Heidelberg.

Frohmann, Chr. 2015: Tausend Tode Schreiben, Berlin, [eBook: http://1000tode.orbanism.com/e_book/].

Gawande, A. 2014: Being Mortal. Medicine and What Matters in the End, New York.

Generali Deutschland AG (Hrsg.) 2017: Generali Altersstudie 2017. Wie ältere Menschen in Deutschland denken und leben, Berlin.

Ginzburg, N. 1976: Das Alter, in H. Bender (Hrsg.): Das Insel Buch vom Alter, Frankfurt/M., S. 17–21.

Goethe, J. W. v. 1833: Maximen und Reflexionen, Frankfurt/M. 1976.

– 1819: West-oestlicher Divan, Berlin 2006.

– Briefe: Kommentare und Register, Hamburger Ausgabe in 4 Bänden, Bd. 1, hrsg. v. K. R. Mandelkow/B. Morawe, München 1988.

Gracián, B. 2014: Handorakel und Kunst der Weltklugheit, ausgw. v. D. J. V. Lastanosa, übers. v. A. Schopenhauer, hrsg. v. A. Hübscher, Stuttgart.

Graf, F. W. 2015: Theologisches Streitgespräch: Sind wir Christen noch bei Trost?, in: Frankfurter Allgemeine Zeitung, 24.12.2015.

Grimm, J./Grimm, W. 1840: Die Lebenszeit, in H. Rölleke (Hrsg.): Kinder- und Hausmärchen, gesammelt durch die Brüder Grimm, Frankfurt/M. 1985, S. 665–666.

Grimm, J. 1861: Rede über das Alter, in ders.: Reden in der Akademie, ausgewählt u. hrsg. v. W. Neumann/H. Schmidt, Berlin 1984, S. 304–323.

Groß, D./Kreucher, S./Grande, J. 2010: Zwischen biologischer Erkenntnis und kultureller Setzung. Der Prozess des Sterbens und das Bild des Sterbenden, in M. Rosentreter/D. Groß/S. Kaiser (Hrsg.): Sterbeprozesse – Annäherungen an den Tod, Kassel, S. 17–32.

Gruss, P. (Hrsg.) 2007: Die Zukunft des Alterns. Die Antwort der Wissenschaft. Ein Report der Max-Planck-Gesellschaft, München.

Gurney, O. R./Hulin, P. 1964: The Sultantepe Tablets, Bd. 2, London.

Häfner, H./Beyreuther, K./Schlicht, W. (Hrsg.) 2010: Altern gestalten. Medizin –Technik – Umwelt, Berlin.

Hamboch, C. 2011: Nigel Kennedy schmäht David Garrett als ›Klon‹, in: Die Welt, 25.09.2011.

Hegel, G. W. F. 1833–1836: Vorlesungen über die Philosophie der Geschichte, Werke in zwanzig Bänden, Bd. 12, hrsg. v. E. Moldenhauer u. K. M. Michel, Frankfurt/M. 1986.

Heller, A. 2000: Kultur des Sterbens. Bedingungen für das Lebensende gestalten, Freiburg.

Hesse, H. 1990: Mit der Reife wird man immer jünger. Betrachtungen und Gedichte über das Alter, hrsg. v. V. Michels, Frankfurt/M.

Höffe, O. 2002: Gerontologische Ethik. Zwölf Bausteine für eine neue Disziplin, in ders.: Medizin ohne Ethik?, Frankfurt/M., S. 182–201.

– 2007: Lebenskunst und Moral. Oder macht Tugend glücklich?, München.

– 2010: Entscheidend im Alter ist das dreifache L, in: Frankfurter Allgemeine Zeitung, 6.3.2010.

– 2015: Kritik der Freiheit. Das Grundproblem der Moderne, München.

Hügli, A. 1998: Sterben lernen, in: J. Ritter/K. Gründer (Hrsg.): Historisches Wörterbuch der Philosophie, Bd. 10, Darmstadt, S. 129–134.

Jäger, L. 2016: Die Greisenfresser kommen, in: Frankfurter Allgemeine Zeitung, 30.6.2016.

Johannes von Tepl ca. 1400: Der Ackermann und der Tod, ins Neuhochdeutsche übertr. v. H. Franck, Gütersloh 1963.

Kielmansegg, P. Graf/Häfner, H. (Hrsg.) 2012: Alter und Altern: Wirklichkeiten und Deutungen, Berlin.

Kirkwood, T. 2001: The End of Age, London.

Kluge, F./Zagheni, E./Loichinger, E./Vogt, T. 2014: The Advantages of Demographic Change after the Wave. Few and Older, but Healthier, Greener, and More Productive?, in: PlosOne 9 (9), S. 1–11.

Konfuzius: Gespräche (Lun-yu), übers. u. hrsg. v. R. Moritz, Stuttgart 1982.

Kruse, A. 2005: Lebensqualität demenzkranker Menschen, in: Zeitschrift für medizinische Ethik 51 (1), S. 41–57.

Kübler-Ross, E. 1971: Interviews mit Sterbenden, München.

Kufer, Chr. 2016: Liebe Generation Rollator, macht mir mein Europa nicht kaputt, in: Bento, 24.06.2016.

Kühl, K. 2010: Beteiligung an Selbsttötung und verlangte Fremdtötung, in: JURA 32 (2), S. 81–86.

Küng, H. 2014: Glücklich sterben? Gespräche mit Anne Will, München.

Llachs, Lluís 2014: Les dones de la Principal, Barcelona; dt. Die Frauen von La Principal, übers. v. P. Zickmann, Berlin 2016.

Landsberg, P. L. 2010: Die Erfahrung des Todes, Berlin.

Lukrez: Über die Natur der Dinge / De rerum natura, lat. u. dt., übers. v. K. Binder, Darmstaadt 2016.

Macho, Th./Marek, K. 2008: Die neue Sichtbarkeit des Todes, München.

Marx, K. 1844: Ökonomisch-philosophische Manuskripte aus dem Jahre 1844, in: Marx-Engels Werke, Bd. 40, hrsg. v. Rosa-Luxemburg-Stiftung, Berlin 2012, S. 465–588.

Möller, P.-A. (Hrsg.) 2001: Die Kunst des Alterns. Medizinethische Diskurse über den Alterungsprozess in exogener Einflussnahme, Frankfurt/M.

Montaigne, M. de: Œuvres Complètes, hrsg. v. A. Thibaudet u. M. Rat, Paris 1962; dt. Essais, übers. v. H. Stilett, Frankfurt/M. 1998.

Muschg, A. 2017: Der weiße Freitag. Erzählung vom Entgegenkommen, München.

Nassehi, A. 2003: Die Geschwätzigkeit des Todes, in ders.: Geschlossenheit und Offenheit. Studien zur Theorie der modernen Gesellschaft, Frankfurt/M., S. 387–309.

Nationale Akademie der Wissenschaften Leopoldina/acatech – Deutsche Akademie der Technikwissenschaften/Union der deutschen Akademien der Wissenschaften 2015: Medizinische Versorgung im Alter – Welche Evidenz brauchen wir?, Halle.

Nigg, W. 1985: Die Hoffnung des Heiligen. Wie sie starben und uns sterben lehren, Ostfildern.

Nietzsche, F. 1874: Vom Nutzen und Nachtheil der Historie für das Leben, in: Kritische Studienausgabe, Bd. 1, hrsg. v. G. Colli u. M. Montinari, Berlin 1999, S. 243–334.

– 1878: Menschliches, Allzumenschliches I und II, Kritische Studienausgabe, Bd. 2, hrsg. v. G. Colli u. M. Montinari, Berlin 1999.

Rentsch, T./Zimmermann, H.-P./Kruse, A. (Hrsg.) 2013: Altern in unserer Zeit. Späte Lebensphasen zwischen Vitalität und Endlichkeit, Frankfurt/New York.

Renz, M. 2000: Zeugnisse Sterbender. Todesnähe als Wandlung und letzte Reifung, Paderborn.

Rose, M. R. 1991: Evolutionary Biology of Aging, New York/Oxford.

Rosenmayer, L. 1978: Die menschlichen Lebensalter, München.

Rosenstock, P. 2009: Was heisst Freiheit? Fragen an die organisierte Suizidhilfe, Wädenswil.

Rürup, B./Albrecht, M./Igel, Chr./Häussler, B. 2008: Umstellung auf eine monistische Finanzierung von Krankenhäusern, Berlin.

Schopenhauer, A. 1851: Aphorismen zur Lebensweisheit, in: Sämtliche Werke, Bd. 4, Parerga und Paralipomena 1, hrsg. v. W. Frhr. v. Löheysen, Frankfurt/M. 1985, S. 373–592.

Schroth, U. 2011: Der Wunsch zu sterben bei beginnender Demenz – rechtliche, rechtspolitische und ethische Fragen. Ein Beitrag zu einem Paternalismusproblem, in S. Sellmaier/E. Mayr (Hrsg.): Normativität, Geltung und Verpflichtung, Stuttgart, S. 237–254.

Sill, B. (Hrsg.) 2016: Alter(n), St. Ottilien.

Smith, Z. 2017: Meine Zeit als junge Frau ist vorbei, in: Frankfurter Allgemeine Zeitung, 11.2.2017.

Staudinger, U./Häfner, H. (Hrsg.) 2008: Was ist Alter(n)? Neue Antworten auf eine scheinbar einfache Frage, Berlin.

– zus. m. Heidemeier, H. (Hrsg.) 2009: Altern, Bildung und lebenslanges Lernen, Stuttgart.

Stock, G./Lessl, M./Baltes, P. (Hrsg.) 2005: The Future of Aging. Individual and Societal Implications, Berlin.

Swift, J. 1699: Resolutions, in ders.: The Works of Rev. Jonathan Swift, hrsg. v. J. Nichols, London 1801, 326–327; dt. Entschließungen für mein Alter, in ders.: Satiren, übers. v. F. P. Greve/W. Freisburger/K. Reichert, Frankfurt/M. 1965, S. 165–166.

Synofzik, M./Marckmann, G. 2007: Perkutane Endoskopische Gastrostomie. Ernährung bis zuletzt?, in: Deutsches Ärzteblatt 104 (49), S. 3390–3394.

Tsiolkas, Chr. 2012: Nur eine Ohrfeige, Stuttgart.

Tugendhat, E. 2003: Egozentrizität und Mystik. Eine anthropologische Studie, München.

Vollbracht, M. (Hrsg.) 2015: Ein Heim, Kein Zuhause? Das Medienbild von Altenpflege im Kontext von Altersbildern und Berufsprestige, Hanoi.

Wagner-Hasel, B. 2012: Alter in der Antike. Eine Kulturgeschichte, Köln.

Wehrli, H./Sutter, B./Kaufmann, P. ²2015: Der Organisierte Tod: Sterbehilfe und Selbstbestimmung am Lebensende. Pro und Contra, Zürich.

Wick, G. 2008: Perspektiven der Alternsforschung – Vom programmierten Zelltod zur Pensionsreform, Wien.

Wunder, M. 2008: Demenz und Selbstbestimmung, in: Ethik in der Medizin 20 (1), S. 17–25.

Personenregister

Über Alter und Tod

Gian Domenico Borasio
selbst bestimmt sterben
Was es bedeutet. Was uns daran hindert.
Wie wir es erreichen können
2014. 206 Seiten, mit 6 Abbildungen und 2 Tabellen. Gebunden

Michael von Brück
Vom Sterben
Zehn Meditationen zur spirituell-palliativen Praxis.
2020. 237 Seiten. Klappenbroschur
C.H.Beck Paperback 6382

Rudi Westendorp
Alt werden, ohne alt zu sein
Was heute möglich ist
Aus dem Niederländischen von Bärbel Jänicke
und Marlene Müller-Haas
2021. 286 Seiten. Softcover
C.H.Beck Paperback 6418

Gian Domenico Borasio
Über das Sterben
Was wir wissen. Was wir tun können.
Wie wir uns darauf einstellen
11. Auflage. 2013. 208 Seiten mit 11 Abbildungen
und 5 Tabellen. Gebunden

André Aleman
Wenn das Gehirn älter wird
Was uns ängstigt. Was wir wissen.
Was wir tun können
Aus dem Niederländischen von Bärbel Jänicke,
und Marlene Müller-Haas
2016. 240 Seiten mit 20 Abbildungen. Softcover
C.H.Beck Paperback 6200